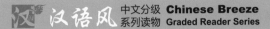汉语风 中文分级 **Chinese Breeze** 系列读物 **Graded Reader Series**

第4级 1,100词级 Level 4 1,100 Word Level

liǎng jiàn hóng chènshān

两件红衬衫

Two Red Shirts

主　编　刘月华（Yuehua Liu）　储诚志（

副主编　赵绍玲（Shaoling Zhao）

原　创　储先亮（Xianliang Chu）

北京大学出版社
PEKING UNIVERSITY PRESS

图书在版编目(CIP)数据

两件红衬衫/刘月华,储诚志主编. —北京:北京大学出版社,
2016.10

(汉语风中文分级系列读物. 第4级:1100词级)
ISBN 978-7-301-27552-8

Ⅰ.① 两… Ⅱ.① 刘… ②储 Ⅲ.①汉语—对外汉语教学—语言读物
Ⅳ.①H195.5

中国版本图书馆CIP数据核字(2016)第225531号

书 名	两件红衬衫
著作责任者	刘月华 储诚志 主 编
	赵绍玲 副主编
	储先亮 原 创
	孙 娴 练习编写与英文翻译
责任编辑	李 凌
标准书号	ISBN 978-7-301-27552-8
出版发行	北京大学出版社
地 址	北京市海淀区成府路205号 100871
网 址	http://www.pup.cn 新浪官方微博:@北京大学出版社
电子信箱	zpup@pup.cn
电 话	邮购部 010-62752015 发行部 010-62750672
	编辑部 01062753027
印 刷 者	北京大学印刷厂
经 销 者	新华书店
	850毫米×1168毫米 32开本 3.75印张 58千字
	2016年10月第1版 2019年9月第2次印刷
定 价	20.00元

刘月华

  毕业于北京大学中文系。原为北京语言学院教授，1989年赴美，先后在卫斯理学院、麻省理工学院、哈佛大学教授中文。主要从事现代汉语语法，特别是对外汉语教学语法研究。近年编写了多部对外汉语教材。主要著作有《实用现代汉语语法》（合作）、《趋向补语通释》《汉语语法论集》等，对外汉语教材有《中文听说读写》（主编）、《走进中国百姓生活——中高级汉语视听说教程》（合作）等。

储诚志

  储诚志，夏威夷大学博士，美国中文教师学会前任会长，加州大学戴维斯分校中文部主任，语言学系博士生导师。兼任多所大学的客座教授或特聘教授，多家学术期刊编委。曾在斯坦福大学和北京语言大学任教多年。

赵绍玲

  笔名向娅，中国记者协会会员，中国作家协会会员。主要作品有报告文学集《二十四人的性爱世界》《国际航线上的中国空姐》《国际航线上的奇闻秘事》等，电视艺术片《凝固的情感》《希望之光》等。多部作品被改编成广播剧、电影、电视连续剧，获各类奖项多次。

储先亮

  安徽省作家协会会员，岳西作家协会副主席。作品以散文、小小说为主，兼有诗歌和杂文发表，有长篇小说见诸新浪网。主业为行政工作，任职于安徽岳西县工商局。

Yuehua Liu

A graduate of the Chinese Department of Peking University, Yuehua Liu was Professor in Chinese at the Beijing Language and Culture University. In 1989, she continued her professional career in the United States and had taught Chinese at Wellesley College, MIT, and Harvard University for many years. Her research concentrated on modern Chinese grammar, especially grammar for teaching Chinese as a foreign language. Her major publications include *Practical Modern Chinese Grammar* (co-author), *Comprehensive Studies of Chinese Directional Complements*, and *Writings on Chinese Grammar* as well as the Chinese textbook series *Integrated Chinese* (chief editor) and the audio-video textbook set *Learning Advanced Colloquial Chinese from TV* (co-author).

Chengzhi Chu

Chengzhi Chu is associate professor and coordinator of the Chinese Language Program at the University of California, Davis, where he also serves on the Graduate Faculty of Linguistics. He is the former president of the Chinese Language Teachers Association, USA, and guest professor or honorable professor of several other universities. Chu received his Ph.D. from the University of Hawaii. He had taught at Stanford University and the Beijing Language and Culture University for many years before joining UC Davis.

Shaoling Zhao

With Xiangya as her pen name, Shaoling Zhao is an award-winning Chinese writer. She is a member of the All-China Writers Association and the All-China Journalists Association. She authored many influential reportages and television play and film scripts, including *Hostesses on International Airlines*, *Concretionary Affection*, and *The Silver Lining*.

Xianliang Chu

Xianliang Chu is the Vice President of the Writers Association of Yuexi County, and a member of the Writers Association of Anhui Province. His creative writings include prose, short stories, and poems published in both traditional media and online. As his regular job, he works in the Administration of Commerce and Industry of the Yuexi County of Anhui in China.

前　　言

　　学一种语言，只凭一套教科书，只靠课堂的时间，是远远不够的。因为记忆会不断地经受时间的冲刷，学过的会不断地遗忘。学外语的人，不是经常会因为记不住生词而苦恼吗？一个词学过了，很快就忘了，下次遇到了，只好查词典，这时你才知道已经学过。可是不久，你又遇到这个词，好像又是初次见面，你只好再查词典。查过之后，你会怨自己：脑子怎么这么差，这个词怎么老也记不住！其实，并不是你的脑子差，而是学过的东西时间久了，在你的脑子中变成了沉睡的记忆，要想不忘，就需要经常唤醒它，激活它。"汉语风"分级读物，就是为此而编写的。

　　为了"激活记忆"，学外语的人都有自己的一套办法。比如有的人做生词卡，有的人做生词本，经常翻看复习。还有肯下苦功夫的人，干脆背词典，从A部第一个词背到Z部最后一个词。这种做法也许精神可嘉，但是不仅过程痛苦，效果也不一定理想。"汉语风"分级读物，是专业作家专门为"汉语风"写作的，每一本读物不仅涵盖相应等级的全部词汇、语法现象，而且故事有趣，情节吸引人。它使你在享受阅读愉悦的同时，轻松地达到了温故知新的目的。如果你在学习汉语的过程中，经常以"汉语风"为伴，相信你不仅不会为忘记学过的词汇、语法而烦恼，还会逐渐培养出汉语语感，使汉语在你的头脑中牢牢生根。

　　"汉语风"的部分读物出版前曾在华盛顿大学（西雅图）、范德堡大学和加州大学戴维斯分校的六十多位学生中试用。感谢这三所大学的毕念平老师、刘宪民老师和魏苹老师的热心组织和学生们的积极参与。夏威夷大学的姚道中教授，戴维斯加州大学的李宇以及博士生Ann Kelleher和Nicole Richardson对部分读物的初稿提供了一些很好的编辑意见，在此一并表示感谢。

Foreword

When it comes to learning a foreign language, relying on a set of textbooks or spending time in the classroom is not nearly enough. Memory is eroded by time; you keep forgetting what you have learned. Haven't we all been frustrated by our inability to remember new vocabulary? You learn a word and quickly forget it, so next time when you come across it you have to look it up in a dictionary. Only then do you realize that you used to know it, and you start to blame yourself, "why am I so forgetful?" when in fact, it's not your shaky memory that's at fault, but the fact that unless you review constantly, what you've learned quickly becomes dormant. The *Chinese Breeze* graded series is designed specially to help you remember what you've learned.

Everyone learning a second language has his or her way of jogging his or her memory. For example, some people make index cards or vocabulary notebooks so as to thumb through them frequently. Some simply try to go through dictionaries and try to memorize all the vocabulary items from A to Z. This spirit is laudable, but it is a painful process, and the results are far from sure. *Chinese Breeze* is a series of graded readers purposely written by professional authors. Each reader not only incorporates all the vocabulary and grammar specific to the grade but also contains an interesting and absorbing plot. They enable you to refresh and reinforce your knowledge and at the same time have a pleasurable time with the story. If you make *Chinese Breeze* a constant companion in your studies of Chinese, you won't have to worry about forgetting your vocabulary and grammar. You will also develop your feel for the language and root it firmly in your mind.

Thanks are due to Nyan-ping Bi, Xianmin Liu, and Ping Wei for arranging more than sixty students to field-test several of the readers in the *Chinese Breeze* series. Professor Tao-chung Yao at the University of Hawaii. Ms. Yu Li and Ph.D. students Ann Kelleher and Nicole Richardson of UC Davis provided very good editorial suggestions. We thank our colleagues, students, and friends for their support and assistance.

主要人物和地方名称
Main Characters and Main Places

方向强 Fāng Xiàngqiáng

a peasant of the Camellia Village

方小草 Fāng Xiǎocǎo

Fang Xiangqiang's daughter

方小苗 Fāng Xiǎomiáo

Fang Xiaocao's twin brother

蓝天 Lán Tiān

the kind-hearted person who helped Fang Xiaocao, a Chinese professor in the South University

高文章 Gāo Wénzhāng

Lan Tian's husband, the owner of a shoemaking company based in Shenzhen

钱聪明 Qián Cōngmíng

the boss of a clothing company producing Camellia shirts

钱乐乐 Qián Lèle

Qian Congming's adopted son, who natural parents are Lan Tian and Gao Wenzhang

梅云 Méi Yún

the live-in nursemaid of the Qian family

小圆 Xiǎoyuán

the nursemaid Lan Tian hired

北京 Běijīng：Beijing, the capital of China

深圳 Shēnzhèn：Shenzhen, a city in southern China

万山县高山乡茶花村 Wànshān Xiàn Gāoshān Xiāng Cháhuā Cūn：the Camellia village of Gaoshan town, Wanshan county

北京通州 Běijīng Tōngzhōu：Tongzhou district of Beijing

文中所有专有名词下面有下画线，比如：蓝天
(All the proper nouns in the text are underlined, such as in 蓝天)

目 录
Contents

1. 一封奇怪的信

　　万山县经济不好，很多家庭生活都很困难，一些应该上学[1]的孩子，都在家里帮大人干活[2]。万山县政府有一个"手拉手"活动[3]办公室，为不能上学[1]的孩子找能帮助他们的人。 5

　　1996年的夏天刚到，"手拉手"办公室收到了一封信。写信的人说打算寄钱帮助一个孩子，让这个孩子能从小学一直读到大学。但是他有几[4]个条件，有的条件听起来很奇怪，让 10
"手拉手"办公室的人觉得有点儿难办。信的一部分是这样写的：

　　……四年前，我在电视新闻里看到你们那里举办"手拉手"活动[3]，觉得这个活动[3]非常好。请 15

---

1. 上学 shàng xué: to attend school
2. 干活 gàn huó: to work
3. "手拉手"活动 "Shǒu-Lā-Shǒu" Huódòng: Hand-in-Hand Activities (活动 activity)
4. 几 jǐ: a few

你们帮我找一个合适的家庭，我愿意帮助他们的孩子受教育，从小学一直到大学，上学¹的钱都由我负责。不过我有四个要求：

第一，接受帮助的家庭，经济非常困难，真的需要帮助；

第二，这个儿童得是一个女孩子，而且是 1990 年 5 月 4 日生的；

第三，那家房子的周围要有山茶树⁵，能开⁶出美丽的花；

第四，不要告诉接受帮助的家庭我是谁，我不需要他们的任何感谢，真的，不必感谢。

我做这一切也并不光是为了别人，一半是为我们自己。这件事如果有结果的话，我会非常愉快……当然，孩子读完大学以后，可以根据情况，考虑安排一次见面的机会。

为了方便联系⁷，我给你们一

5. 山茶树 shānchàshù: camellia (trees)
6. 开 (花) kāi (huā): to bloom
7. 联系 liánxì: to contact

个电话号码，我每年要了解孩子的情况。这个号码不要告诉任何人，更不要告诉受帮助的家庭。

　　谢谢！

　　信封⁸的邮戳⁹里有"北京"两个字，所以信应该是从北京寄来的。另外，寄信人留的那个电话号码，区号¹⁰也是北京的。

　　"手拉手"办公室是4月底收到这封信的，信里面的第三个条件在万山县只有高山乡最合适，那里南边北边的山上都有一片一片的山茶树。山茶树开⁶花的时候，红的、黄的、白的，有各种美丽的颜色，到处飘¹¹着花香。所以，万山县"手拉手"活动³办公室就把这封信转给了高山乡政府，让他们找一找有没有5月4日那天生的女孩子。

　　高山乡政府用很大的字把信写在红纸上，贴在政府大门口的墙上，让

5

10

15

20

8. 信封 xìnfēng: envelope
9. 邮戳 yóuchuō: postmark
10. 区号 qūhào: area code
11. 飘 piāo: to float

所有从这里经过的人都能看到。乡政
府希望大家很快都能知道这个新闻。
离学校放假只有不到两个月了，这件
事有点儿急。

5　　好消息总是像长了脚一样会跑，
像小鸟一样会飞。

　　越来越多的人站在乡政府大门口
周围。太阳很晒，天气很热，到了中
午，气温很高。但是人们不怕热，有
10　的人指着墙上的信，问别人自己不明
白的问题，有的人在想谁家可能有条
件合适的孩子。

过了几天，看信的人少了，乡政
府大门口安静下来了，可是，一直没

有人来申请这份帮助。这让乡政府的人有点儿头疼。高山乡没钱上学[1]的孩子很多,他们觉得,这么好的机会不能丢了啊!

万山县"手拉手"活动[3]办公室要求暑假以前把这件事情办好。可是,6月快过去一半了,目前还是没找到条件合适的孩子。

为什么会没有人申请呢?真的没有全部条件都合适的孩子吗?他们不相信。"手拉手"办公室的人认为,问题可能出在孩子的生日上:得到帮助的人生日一定得是 1990 年 5 月 4 日,而且还得是女孩子。

虽然世界上这样巧合[12]的事情很少,但是大家觉得还是应该赶快想办法,要在全县都找一遍才放心。

可是怎么找呢?有人说不如一家一家地去查,这样想的人占了一半。有的人不同意这个方法,说那样太麻烦,再说时间也不够了。他们认为不如查全县人的户口[13]。

---

12. 巧合 qiǎohé: coincidence
13. 户口 hùkǒu: registered residence

对！查户口[13]！这样可以减少麻烦。如果有 1990 年 5 月 4 日生的小姑娘，就一定能在户口[13]里查到。但是，那时万山县政府办公室还没有电脑，更没有网络，高山乡几千个家庭的户口[13]，差不多就有几千页纸啊！

5

他们翻了一页又一页，找了一遍又一遍，还是没有找到 1990 年 5 月 4 日出生的女孩。

正在大家不知怎么办的时候，一位刚从外面旅游回来的领导说：高山乡有这一天出生的孩子。

10

他一边翻着自己的工作日记，一边说："5 月 4 日，是青年节。1990 年，我在高山乡工作，5 月 4 日那天，我们办了一个活动[3]，请每个村来两位青年代表参加。茶花村[14]有个代表叫方向强，但是他没有来，另外一个代表告诉我：他的妻子那天生孩子了。"

15

听到有这一天出生的孩子，大家都很高兴。翻开方向强家的户口[13]，上面写着他家有两个孩子，一个是儿

20

14. 茶花村 Cháhuā Cūn: Camellia Village

子，另一个是女儿，是同一天生的，男孩叫<u>方小苗</u>，女孩叫<u>方小草</u>。但是，他们在户口¹³里的生日是1990年4月10日，不是5月4号！

那位领导说："这怎么可能呢？那一天的事情我记得很清楚，<u>方向强</u>我也认识。就算¹⁵孩子的生日不是5月4号，也不可能早二十多天啊，这里面一定有问题。"

办公室决定派两个人马上出发，到<u>茶花村</u>¹⁴去，把情况搞清楚。

5

10

Want to check your understanding of this part?
Go to the questions on page 89.

---

15. 算 suàn: to count, to regard as

2. 谁是条件合适的女孩？

茶花村[14]的地理条件很差，路很难走，山一会儿高一会儿低，河水一会儿深一会儿浅。他们用了大概三个多小时才到方向强家。但糟糕的是，方向强和妻子都不在家。

方向强家里一共有六口人，父母都老了，身体也不好。妻子不但要照顾老人，还要照顾两个小孩。全家人的生活都靠方向强一个人，他想让全家人吃饱、穿暖和，都不是一件容易的事。所以，白天晚上他都要忙！早上起得比太阳还早，在外面干活[2]干到上午十点多才回家吃早饭。晚上，月亮挂到了天上才回来吃晚饭。他的妻子很替他担心，怕他身体受不了……

方向强小时候[16]上过学，成绩比很多孩子都强。但是，因为家里没有钱，没能继续上学[1]。现在两个孩子都

16. 小时候 xiǎoshíhou: in the childhood

已经 6 岁了，应该上学¹了。他很着
急。他知道，孩子上学¹很重要，可
是，这件事对他家来说，真的不容
易。他家太困难了，连家里几只鸡下 5
的蛋都卖了，生活上用的东西也是买
最便宜的，哪里有钱让孩子上学¹呢?

　　来访问的人在方向强家等了一个
多钟头，他和他妻子还没回来。

　　方家的奶奶病在床上不能说话， 10
爷爷咳嗽得很厉害¹⁷。两个孩子在做
午饭，一个洗米，一个拿着刀打算做
菜。他们从小就有帮父母做事的好习
惯，知道怎么照顾老人。孩子们有点

17. 厉害 lìhai: serious, intense

9

儿瘦，但看上去都还算¹⁵健康，也都很漂亮，眼睛、鼻子、嘴，包括耳朵都很好看。孩子的衣服虽然很旧，头发也有些乱，但一点儿也不脏。他们对来访问的人很客气，让人喜欢。

来的人等得有些急了，就试着问孩子："小朋友，你们的生日是5月4号，对吧？"

他们几乎同时回答："不是，不是，是4月10号。"

回答虽然很清楚，但是问的人还是希望这个回答是错的。

到了下午，方向强和妻子才回来。看到家里来了乡政府的人，他们有些紧张。"你们很不错啊，一下子¹⁸生了两个孩子！这是很多人想都想不到的呀！"来访问的人说一些让他们高兴的话，好让他们轻松些。

方向强说："好是好，但怎么把他们养大，是个大问题啊。"

"你们孩子的生日是哪一天？"来的人问方向强。

18. 一下子 yíxiàzi: all of a sudden

"1990年，四月初十[19]!"

"初十[19]? 农历[20]初十[19]?"

"不错，我们农村人记日子一般都记农历[20]。"

"户口[13]上的日子也是农历[20]?" 　5

"也是!"

这个回答让问的人很高兴，他们两个你看看我，我看看你，心里都想："如果农历[20]四月初十[19]就是公历[21]5月4号的话，那就好了!" 　10

一个人通过村里的电话把情况报告了办公室，请他们赶快查一查。几分钟以后，办公室回电话了：1990年农历[20]四月初十[19]，真的就是公历[21]5月4日! 也就是说，这两个孩子的生日是 　15 1990年5月4日!

这个电话让他们很满意，现在问题解决了! 来访问的人心情一下子[18]轻松起来。

条件合适的女孩找到了，万山县 　20 "手拉手"办公室马上给北京那位写信人打了电话。

---

19. 初十 chūshí: the tenth day(of a month on the lunar calendar)
20. 农历 nónglì: lunar calendar
21. 公历 gōnglì: Gregorian calendar

北京那位写信人很快就把钱寄到了县"手拉手"活动[3]办公室,请办公室领导把钱存进银行,等方小草上学[1]以后一年一年地用。

那人还给方小草寄了一包东西。方向强把那包东西从邮局取回来,翻过来翻过去,前后左右,在包上到处找,想看看是从什么地方、是什么人寄来的。但是,包上除了写着什么地方什么人收以外,没写别的字,邮戳[9]里面也只有"北京"两个字还能看得清楚。方向强把包打开[22],里边东西真多啊!有学习用的笔、本子[23],还

22. 打开 dǎkāi: to open, to turn on
23. 本子 běnzi: notebook

有衣服、鞋、帽子等生活用的东西。
不过，最让他注意的是一件红衬衫。

方向强特别喜欢这件红衬衫。红
衬衫的样子他以前没有见过，茶花村[14]
女孩子穿的衬衫上面一般都没有口
袋[24]，但是这件红衬衫有两个口袋[24]，
口袋[24]上边还戴着小帽子呢，小帽子
上面有一朵[25]山茶花，非常好看。

方向强摸[26]摸[26]口袋[24]帽子上的山
茶花，感觉到口袋[24]里装着东西，拿
出来一看，是一封信。他把信读了一
遍，有些字他不认识，又读了一遍，
还是不能完全明白里面的意思，但信
里有两个"爱"字他是认识的。他决
定，一定要把这远方[27]送来的"爱"
收好……

5

10

15

Want to check your understanding of this part?
Go to the questions on page 89.

24. 口袋 kǒudài: pocket
25. 朵 duǒ: measure word for flowers
26. 摸 mō: to touch or feel
27. 远方 yuǎnfāng: somewhere faraway

13

3. 两件红衬衫

　　秋天刚开始，白天的气温还比较高，方小草穿着那件红衬衫走进了红山茶希望小学²⁸。同时走进学校的还有她的哥哥方小苗。让他们没想到的

5　是，有一个跟他们差不多大的男孩子，那天也穿着一件红衬衫来上学[1]。那个孩子姓钱，叫乐乐。

　　本来，因为家里困难，方向强和妻子都觉得两个孩子不能一起上学[1]。

10　他们打算先让儿子小苗上，等到以后条件好了，再让女儿小草上，想先把女儿留在家里帮着做点儿事。在农村，农民总是把儿子看得比女儿重要。但是，收到了北京寄来的红衬

15　衫，还有衬衫口袋²⁴里的那封信以后，方向强不但改变了想法²⁹，而且

28. 红山茶希望小学 Hóngshānchá Xīwàng Xiǎoxué: Camellia Hope Primary School
29. 想法 xiǎngfǎ: idea

为自己以前有那样的打算感到不好
意思。

方小草是个漂亮的小女孩，说话
也好听，像小鸟唱歌一样，又甜又可
爱。可是她是个山里的孩子，穿着北
京寄来的红衬衫去上学[1]，有点儿不习
惯。虽然那件衣服穿在她身上，看起
来又漂亮又有精神。

钱乐乐看起来跟茶花村[14]的孩子
不一样。他穿着红衬衫看上去非常舒
服，没有一点儿不习惯的样子。那天
小苗和小草是自己去上学的，钱乐乐
是他爸爸送去的。

钱乐乐的爸爸叫钱聪明，也是茶
花村[14]人，四十多岁，现在在深圳开
公司。

小时候[16]，他和方向强是茶花村[14]
最聪明的两个孩子。就是因为聪明，
他这个山里农民的孩子在县电影院找
到了一份不错的工作。那时候，他发
现自己对电影有特别的爱好，决定朝
着这个方向发展。他常常花很多时间
研究电影的技术和艺术。他计划以后
自己也弄出一个电影来，把茶花村[14]

漂亮的风景搬到电影或电视里面去。他知道，那需要很多钱。为了弄钱，他一边在电影院上班，一边在外边做生意[30]。那个时代，很多人都不敢这样做，因为，政府不让有工作的人做生意[30]。因为这个错误，他丢了电影院的工作。倒霉的**钱聪明**只能回到了茶花村[14]。

过了几年，中国社会发生了很大的变化，做生意[30]的机会来了。**钱聪明**再一次走出茶花村[14]，先在南方[31]的深圳打工，很快就自己开了一家做衣

30. 做生意 zuò shēngyi: doing business (生意 business)
31. 南方 nánfāng: south region of China (北方 north；东部 east；西部 west)

服的公司，公司的名字叫"红山茶"。

第一年，"红山茶"公司很困难，后来生意才越来越好。过了几年，"红山茶"成了名牌，有了自己的商店，许多中国人都喜欢穿"红山茶"公司设计和生产的衣服。钱聪明成了一个很有钱的人。他在外边做生意[30]，可是一直没有忘记茶花村[14]，这里有生他养他的父母。那年丢了工作、生活最困难的时候，城里没有人要他，只有茶花村[14]要他、养他。茶花村[14]小学的房子又老又破，希望社会帮助建[32]一个新的希望小学。钱聪明的公司刚有了一些钱，就寄回来几万元人民币帮助村里建[32]小学。

现在，新的希望小学建起来了，他的儿子钱乐乐也已经六岁了，应该上学[1]了，他就把孩子带回来，让他在茶花村[14]新的希望小学上学[1]，也能跟爷爷奶奶在一起。

但是，村里突然多了一个六岁的钱乐乐，有些人发现了问题。原来，

5

10

15

20

32. 建 jiàn: to build

钱聪明六年前离开茶花村[14]出去开公司的时候还没有结婚，连女朋友都没有。现在怎么突然有了一个六岁的儿子呢？时间不对呀！孩子是天上[33]掉下来的吗？他们互相谈着，很想知道这是怎么回事。

　　希望小学的同学们不像那些大人，他们并不关心乐乐是不是从天上掉下来的。他们只是发现，乐乐从城里来，有很多方面和他们不同。乐乐长得又白又帅，戴着一副眼镜，穿的是只有城里孩子才穿的那种衣服，又新又干净，每天都会换。村里孩子的衣服常常是旧的，看上去有点儿脏，有时候有的地方还破了。乐乐手上还戴着一块电子手表，全学校只有他一个人有手表，那么酷[34]。乐乐上学[1]每天都去得很早，一次都不迟到。可是他们呢，有时要上课了，家里还没吃早饭呢。

　　乐乐跟大家太不一样了，所以开始的时候大家不太喜欢他，不知道要

33. 天上 tiānshang: heaven (老天 God)
34. 酷 kù: cool

不要跟他说话，也不知道跟他说什么。但慢慢地，大家发现，钱乐乐是一个不错的朋友。

Want to check your understanding of this part?
Go to the questions on page 90.

4. 钱乐乐是大家的好朋友

钱乐乐知道的很多事情别的同学都没听说过。他经常拿一些有意思的书给班里的同学看，有介绍NBA球赛的杂志，有简单地介绍现代计算机科学和技术的杂志，最多的是介绍电影的杂志。虽然那些书上的字他们都不太认识，但是他们还是看得很认真。那上面有好多漂亮的照片：有人，有风景，都很美；中国的、外国的都

5

有。看得多了，同学们对电影有了兴趣，电影知识也增加了不少。

　　周末的时候，同学们常常到乐乐家去玩儿，有时一玩儿就是一整天。当然，他们会把作业带去做。乐乐家的梅阿姨要求大家一定要先复习完功课，做完练习才能做游戏。有时候做完作业还进行数学比赛。学习完以后，他们喜欢互相开开玩笑，或者我把你按在地上当马骑，你把我按在地上当狗玩儿。就这样，过了一段时间，大家不但成了好朋友，而且学习进步了，成绩提高了。

　　乐乐家的梅阿姨叫梅云，她的名字很好听，动作也很快。她把乐乐家的房子收拾得干干净净。孩子们玩儿累了，梅阿姨总是从厨房拿出一些水果来给大家吃，有新鲜的香蕉、红红的苹果、绿绿的葡萄，还常常有饮料，像可乐、果汁什么的都有，有时候还有蛋糕。到乐乐家不但可以玩儿，还有好吃的、好喝的。梅阿姨和乐乐对来玩儿的小朋友也都很好，总是让他们吃够，喝够，所以孩子们都

5

10

15

20

很高兴。

当然，乐乐家让小朋友们高兴的事情还有很多。大家喜欢在乐乐家看彩色的电视。有些孩子家的电视是黑白的，小苗和小草家连黑白电视也没有。乐乐家厨房里有一个很大的冰箱，那么热的夏天，从冰箱里拿出的西瓜都是冰冰的，吃下去非常舒服。

乐乐家很大，他自己有一间很不错的卧室，晚上一个人睡，很自由。至于厕所，就在卧室旁边，夜里去也很方便。卧室的墙上挂着一张地图和一张画，靠窗户摆着一张桌子，桌子上的书多得数不过来，真不知道有多少本！小朋友们来了以后，都喜欢参观他的卧室，看他爸爸给他买的新书和杂志。小草喜欢动物，来乐乐家，每次都要跟乐乐家的猫玩儿一会儿。

钱乐乐有时也到同学家去玩儿，去得最多的是方小苗家。他和方小苗是最好的朋友，长得虽然不比方小苗矮，但是他的生日是6月1日，比他们小一点儿，是弟弟。乐乐的嘴很甜，见到方小苗家的大人，就"爷爷奶奶""叔叔阿姨"地叫。这时候，方小草就看着他，那态度像在说："你叫他们爷爷奶奶，我是你姐姐，你怎么不叫我呀！"

冬去春来，方小草长高了很多，她的红衬衫旧了、小了，穿不了了，妈妈就把它洗干净，收好。红衬衫是北京的好心人³⁵寄来的，她要为孩子留着。

钱乐乐也长高了，他的衬衫一件旧了，就换上一件新的，不知道换了多少件。

35. 好心人 hǎoxīnrén: good-hearted people

2002 年，毕业考试以后，孩子们结束了六年的小学学习，离开红山茶希望小学[28]，到城里去上中学了。

5　　茶花村[14]离城里有几十里，又不通车。为了照顾钱乐乐，梅云阿姨建议钱乐乐的爸爸在城里租了一套房子，爷爷、奶奶和梅阿姨都到那里跟乐乐一起住。这套房子有电梯，上楼下楼都很方便。老人要是生病了，到10 医院看病也很方便。在城里，差不多每两个星期，钱乐乐就约方小苗和方小草来家里玩儿一次，梅云阿姨还给他们准备好吃的饭菜，大家在一起，很高兴。

三个孩子上学¹都很用功，有不懂的问题他们互相讨论，互相帮助。他们在学校表现得都很棒。

日子一天天过去，三个孩子在中学学习了六年，就到了2008年。2008年对茶花村¹⁴的人来说真是很高兴、很特别的一年。那年夏天，茶花村¹⁴出了三件喜事，都是茶花村¹⁴历史上没有过的。

第一件喜事，是从城里到茶花村¹⁴的马路通了！从那年起，除了冬天下雪有点儿影响以外，茶花村¹⁴的人春夏秋冬都能坐车到外边去了。通车的那天，茶花村¹⁴要举办一个活动³。茶花村¹⁴只有钱聪明家有汽车，大家就请钱聪明把车开回来。他们认为，在这个重要的日子里，茶花村¹⁴的第一辆车非回来不可！

那天，茶花村¹⁴的人都到街上来了，没有人待在家里。钱聪明真高兴啊！他一下车，周围的人都走上来欢迎他，跟他握手、聊天，他成了人们的中心，有人还给他戴上大红花，像是茶花村¹⁴的客人一样。晚上，钱聪

5

10

15

20

明在<u>茶花村</u>¹⁴摆酒请客，他举着一杯啤酒，嘴里不停地说："干杯，大家一起干杯！为<u>茶花村</u>¹⁴的今天和明天干杯！祝<u>茶花村</u>¹⁴人民都过上好日子！"

5　　第二件喜事，是<u>万山县</u>政府同意<u>钱聪明</u>的申请。他的公司在<u>茶花村</u>¹⁴建³²一座电影电视城的愿望³⁶今年可以实现了。

　　第三件喜事，是<u>方小草</u>、<u>方小苗</u>
10 还有<u>钱乐乐</u>都考³⁷上了自己喜欢的大学，三个孩子上大学的愿望³⁶都实现了！

> Want to check your understanding of this part?
> Go to the questions on page 90.

---

36. 愿望 yuànwàng: desire
37. 考 kǎo: to test, to examine

5. 人啊，为什么要分别呢?

　　钱乐乐上的是上海的"东方国际电影电视大学"[38]。这个大学比较新，是中国和美国合办[39]的。学生一年级和四年级在中国学习，二年级和三年级学校给大家办护照和签证，到美国去学习。学校不但有中国各民族的学

---

38. 东方国际电影电视大学 Dōngfāng Guójì Diànyǐng Diànshì Dàxué:
    Orient International Film and Television University
39. 合办 hébàn: to jointly organize

生，还有不少外国留学生。当然，在这个学校上学[1]要比一般学校贵得多。钱乐乐的爸爸很高兴，因为他心中有一个梦想[40]，就是让儿子像自己年轻时一样喜欢电影艺术，毕业之后能够弄出自己的电影或者电视，把茶花村美丽的风景搬到电影或电视里去。现在他离那个梦想[40]更近了。

5

方小草和哥哥小苗本来都想选南方[31]的学校。南方[31]环境好，风景美，空气新鲜，冬天一点儿都不冷；并且，哥哥妹妹在一起上学[1]，可以互相照顾。可是爸爸方向强还是建议小草到北京去上学[1]。爸爸认为，北京不但是中国的首都[41]，历史上就是有名的城市，而且那里大学多。更重要的，是要完成他的一个愿望[36]：希望小草在北京能找到那位帮助了她这么多年的好心人[35]，当面[42]感谢那位好心人。

10

15

小草到北京上学[1]，去找那个人就方便了。小草觉得爸爸说得对。就这样，

20

40. 梦想 mèngxiǎng: dream
41. 首都 shǒudū: capital
42. 当面 dāng miàn: face to face

方小草选择了北京，上了北方大学中文系[43]。

哥哥方小苗还是喜欢到南方[31]去，他选的是深圳的南方大学。

哥哥和妹妹在一起已经十八年了，这是他们第一次分别，一个去北方，一个去南方[31]。有很长时间，方小草的心里都有点儿难过。她想：十八年啊，她和哥哥小时候[16]用一个碗吃过饭，用一个杯子喝过水，从来没有离开过。还有那个钱乐乐，大家在一起上学[1]十二年，现在也要分别了。这些年，大家为了能上大学，都一直在努力地学习。现在愿望[36]实现了，却要分别了！人啊，为什么长大了却要分别呢？

离开茶花村去上大学的前一天，钱乐乐找到方小草，送给他一个盒子[44]，里面有一封信，还有一件漂亮的红衬衫。那封信上写着：

小草：

　　要分别了，不知道什么时候

5

10

15

20

---

43. 中文系 zhōngwénxì: the Department of Chinese
44. 盒子 hézi: box

再见。我忘不了那一年我们都穿着红衬衫走进红山茶希望小学²⁸，忘不了这十二年我们在一起的美好⁴⁵日子。明天我将穿着红衬衫去上海，请你也穿上这件红衬衫去北京，好吗？穿红衬衫的方小草最漂亮……祝你一路平安！

乐乐

5

孩子要上大学了，方向强跑到万山县"手拉手"活动³办公室。他希望办公室的人能告诉他，这么多年一直寄钱支持小草上学¹的好心人³⁵是谁。他的看法是，一定要想办法让孩子到北京以后和那位好心人³⁵见面，当面⁴²感谢人家⁴⁶。可是，办公室的领导说，人家⁴⁶早就说了，孩子大学毕业以后才见面！这是人家⁴⁶的要求，咱们不能不这样做。

10

15

"打个电话，把孩子考³⁷上大学的情况告诉人家⁴⁶，总可以吧？"方向强说。

20

45. 美好 měihǎo: beautiful, nice
46. 人家 rénjia: he, him; she, her; they, them

办公室的领导笑了，说："那位好心人³⁵一直都很关心方小草，每年都打电话给我们问方小草的情况。她已经知道小草考³⁷上大学了，她非常高兴。你放心吧。"

方向强觉得领导不讲道理，他真的生气了。领导没办法，就把好心人³⁵第一次留下的那个号码给了方向强。领导想，那位好心人³⁵已经改用了一个南方³¹的电话号码。北京的电话打不通，方向强就不会再去麻烦那个人了。

方向强得到了电话号码，高兴极

了，很快跑到城里去打电话。那天，打电话的人不多，不用排队。他请工作人员帮他打这个重要的电话……啊，通了！方向强拿起电话："喂！你

5 好！我是方向强，茶花村的方向强……"他想一下子¹⁸把心里的话都说出来。可是，他刚说了几句，接电话的人就说："先生，您说的事我听不懂，您是不是打错了……"

10 　　方向强交了钱走出来。他的愿望³⁶没有实现，难过极了。那些存在心里多年的话，现在应该说出来了，可是却没有人听。

Want to check your understanding of this part?
Go to the questions on page 90–91.

6. 好心人³⁵在哪里？

方向强回到家，把小草和小苗叫过来，让他们都坐下，他要跟他们谈话。他拿出一个小包给小草。小草打开²²那个包，里面是她小时候¹⁶穿过的那件红衬衫和一封信。

方小草没有忘记那件红衬衫，父亲要感谢那位好心人³⁵的愿望³⁶她也是非常清楚的，但父亲接着所说的故事，她和哥哥却从来没有听说过。

"……当时，我把东西从邮局取出来，想知道是谁寄的，但是，包上除了写着收的人是茶花村¹⁴的方小草以外，黑颜色的邮戳⁹里面也只有'北京'两个字还看得清楚。回家的路上，我打开²²了那个包，里面的东西很多，有几公斤重。不过，最让我注意的是一件红衬衫。

"这件红衬衫有两个口袋²⁴，我翻开口袋²⁴的帽子，里面有一封信。小草，你念念这封信。"

　　小草打开[22]信念着："……如果你们接受了我们的帮助，就说明你们的女儿同我们的儿子是同一天来到这个世界的。我们要像帮助自己的女儿一样帮助她。这样做，也是帮助我们自己，会让我们的心情愉快起来。我们就可以这样想：虽然我们没有了儿子，但在远方还有一个女儿！这就是我们的愿望[36]。寄去一件红衬衫，请在孩子上学[1]的第一天让她穿上。四年前，我们的儿子离开的时候就是穿着这样一件红衬衫……不说了，只希望孩子坚持学习，不要停下来。要知

道，日子困难没什么，怕的是没有知
识和文化……"

　　方小草念完信非常吃惊。她想，
这些年，如果没有那个好心人[35]的帮
助，别说[47]自己，就连哥哥也别想上
大学。但是，那位好心人[35]的儿子怎
么会没有了? 信上说他离开的时候也
穿着跟我一样的红衬衫，他的儿子是
怎样走的? 是得了什么奇怪的病死
了吗?

　　这时爸爸提高声音说:"这些年，
因为有这位好心人[35]的帮助，有他给
的这份爱，你们俩才能一起上学[1]，
现在还考[37]上了大学，这都要感谢这
位好心人[35]。小草到北京以后，一定
要找到好心人[35]，要好好感谢人家。
另外，还要搞清楚好心人[35]现在有没
有孩子，需要不需要人照顾。要是需
要的话，你，还有小苗，都可以做他
们的孩子，你们是我们的孩子，也是
他家的孩子。"

　　大学开学了，方小草带着简单的

5

10

15

20

47. 别说 biéshuō: not to mention (conjunction)

行李到了北京的北方大学。她走进学
生公寓。公寓很新,四个同学一间,
带洗手间,像宾馆一样,还可以上
网,房租也不贵。这实在是一个全新
5 的世界! 能从茶花村¹⁴来到这里学
习,方小草感到非常高兴。

开学刚两个星期,方小草就想着
怎么实现她和爸爸的愿望³⁶:想办法
找到帮助她的那个好心人³⁵。她想,
10 先要查那个电话号码是北京哪个区什
么地方的,找到那个地方,再慢慢去
找那个人。

她上网查,电话号码查到了,是
北京通州的,也查到了现在用那个号
15 码的人。

小草的学校在西边,通州在东
边,有二十多公里。她利用星期六休
息时间,先坐地铁,再换公共汽车,
十一点十分才到。

20 她先去问现在用那个电话号码的
人。那是通州中学的一个老师。老师
说:"这个电话号码是我家的。可是我
们不知道你说的万山县,也没有寄钱
到那里帮助过谁。两个月以前,也有

人打电话来问过这事。真是奇怪呀。"

老师想了想，又说："我是去年才搬到这里来的，你要找的会不会是以前住在这个房子里的人呢？"

方小草一听，觉得又有希望了。可是这位老师不知道以前是谁住在这里。老师也是个好人，他带着方小草去问别的人。通过住在楼下的一位年纪[48]比较大的邻居，小草知道了，这十几年在那套房子里一共住过两家人。第一家有一个坐轮椅[49]的年轻女人，姓蓝，叫蓝天，他的先生好像姓高，他们那时候都是通州中学的老师。大概是1996年秋天，他们就搬走了，不知道现在在哪里。

方小草想：他们1996年秋天搬走的，好心人[35]是1996年夏天给的北京的电话号码，说明那时他们还住在这里，打电话给万山县的人就是他们。想到这里，方小草很激动[50]！

她走进通州中学，因为是周末，

5

10

15

20

48. 年纪 niánjì: age
49. 轮椅 lúnyǐ: wheelchair
50. 激动 jīdòng: excited

学校办公室的门都关着。她在路上见到年纪[48]大一点儿的人就问:"您知道以前有个叫蓝天的老师吗?"问了几[4]个人,他们都说不知道。这个时候,

5　有个跑步锻炼的老师从她附近经过,听到了她的问话,就告诉她:蓝天她认识,很多年以前曾经在这里当老师,后来去中华大学[51]读研究生了,听说读研究生的时候,她有时候还回

10　这边的房子住一住,再以后去了哪里就不知道了。

　　过了两天,小草又去中华大学[51]找蓝老师。

51. 中华大学 Zhōnghuá Dàxué: China University

有人记得以前中文系⁴³有一个坐轮椅⁴⁹的研究生，那人让她去研究生办公室问问，她毕业以后去了哪里。在研究生办公室，她了解到，研究生毕业以后，<u>蓝天</u>去了<u>深圳</u>，现在是<u>深圳南方大学</u>的教授。 5

<u>南方大学</u>就是<u>方小苗</u>上的大学，<u>方小草</u>回到学校，要给哥哥写电子邮件，让他在那里帮着找<u>蓝天</u>教授。她打开²²电脑，进了自己的邮箱⁵²。没想 10 到，<u>方小苗</u>已经给她发了一个邮件：

<u>小草</u>：

你赶快把爸爸给你的那件红衬衫寄给我，还有那封信。我要拿给一个人看看，也许能找到帮 15 助我们的人。

<u>小苗</u>

Want to check your understanding of this part?
Go to the questions on page 91.

52. 邮箱 yóuxiāng: mailbox

7. 让人激动⁵⁰的巧合¹²

方小苗在深圳的南方大学上中文系⁴³。这学期⁵³他选了一门中文专业课——写作⁵⁴，那也是他最喜欢的一门课。

第一天上课，方小苗没有想到，出现在教室前面的是一位坐在轮椅⁴⁹上的女教授。她看起来十分美丽，但是，裤子右边的腿却是空的。

教授看着全班同学，开始对大家说："同学们，大家好。我叫蓝天……"

蓝教授说话的时候，脸上带着微笑⁵⁵，方小苗觉得好像在哪儿见过她。他知道这完全不可能，可是，为什么好像认识她呢？方小苗觉得有些奇怪。

53. 学期 xuéqī: semester
54. 写作 xiězuò: writing
55. 微笑 wēixiào: to smile

课上了几个星期，蓝教授开始讲怎样写好一个故事："……文学写作[54]中，故事要有味道，让读者[56]有兴趣读下去。有的时候，中间还要安排一些读者[56]想不到、但是有可能发生的事情，比如，要有一点儿巧合[12]。"   5

她停了停，问大家："哪个同学能给大家讲一个巧合[12]的故事？"

大家表现得有点儿紧张，没有人回答。可能是问题问得有些急，大家   10 都没想好，或者是刚上大学，同学们还有一点儿不习惯在上课的时候回答和讨论问题。

蓝教授说："那好，我先给你们讲一个。从前，美国有个名字叫韦莲的   15 太太，一次出去忘了带钥匙[57]，回家时没办法开门。就在她不知道怎么办的时候，邮局送信的人送来她哥哥给她的一封信，信中正好寄来一把她家的钥匙[57]！哥哥在信里说，上次来看   20 韦莲时，她给了他一把门钥匙[57]，他走时忘了还给韦莲，只好寄回来。大

56. 读者 dúzhě: reader
57. 钥匙 yàoshi: key

41

两件红衬衫

家说，这是不是一个巧合¹²?"

　　蓝教授的故事刚刚说完，方小苗就举着手，站起来说："蓝老师，其实我知道一个巧合¹²的故事。有一个人

5 从北京写信，寄到一个很远的、他没去过的地方。信里说，如果那里能找到一个 1990 年 5 月 4 日出生的女孩，而且那个地方还长着好看的山茶花，他就给那个女孩送一份很大、很重要

10 的礼物。结果那里真的有一个 1990 年 5 月 4 日出生的女孩。您说这是巧合¹²吗?"

　　他的话还没说完，蓝教授就激动⁵⁰起来。她突然想从椅子上站起

来，可是，身体刚往上用力⁵⁸，就倒
回到轮椅⁴⁹上……方小苗马上跑过
去，扶⁵⁹住了蓝教授，帮她坐好。

　　蓝教授刚坐好，就急着问方小
苗："你……你叫什么名字？从哪里
来？是男孩还是女孩？" 　　　　　5

　　方小苗当然是个男孩。同学们都
笑了起来。方小苗还没回答，蓝教授
突然明白自己说了不合适的话，就
说："对不起，是我想多了。" 　　　10

　　下课了，方小苗骑上借来的自行
车，很快地跑到图书馆。那里可以上
网。他给小草写了那封邮件。

　　一个星期以后，蓝教授刚上完
课，方小苗就跑上前去，说："蓝老 　15
师，我陪您回办公室，好吗？"

　　上周听了方小苗讲的巧合¹²，蓝
教授已经想到，这个方小苗和他们帮
助过的方小草一定有什么关系。一个
叫方小苗，一个叫方小草，可能他们 　20
还是一家人。她对小苗说："请送我回
家吧，就在学校里，不远。"

---

58. 用力 yòng lì: to put forth one's strength
59. 扶 fú: to support with one's hand

一进家门，蓝教授就问："小苗，你认识方小草吗？你家在万山县吧？"

方小苗点点头[60]，没有说话，从书包[61]里拿出妹妹从北京寄来的红衬衫和那封信："蓝老师，我这里有两样东西，请您看看。"

刚把衬衫和信拿到手里，蓝教授就转过头去，轻轻地哭了……

过了很长时间，蓝教授擦掉泪水[62]，拉着方小苗的手问："小苗，方小草是你的姐姐还是妹妹？"

"她是我妹妹……"

接着，他给蓝教授讲了小草和他们全家的很多情况。蓝教授也问了很多问题，问得很细，包括他们家现在怎么样，小草有多高，有哪些爱好，等等，等等。问完了，蓝教授说："小草很棒！我真高兴！"停了一下，她又说："……唉[63]，要是高远的情况也清楚就好了……"

---

60. 点头 diǎn tóu: to nod
61. 书包 shūbāo: school bag
62. 泪水 lèishuǐ: tears (泪 tears)
63. 唉 āi: alas, an interjection expressing a feeling of regret or pitifulness

"高远？他是谁？"方小苗问。

蓝教授转过头去，好[64]几分钟没有说话。然后，她给小苗讲起了她家的故事。

Want to check your understanding of this part?

Go to the questions on page 91.

64. 好 hǎo: quite

8. 高远不见了

　　1984年，蓝天和高文章两个相爱的人大学毕业了。他们一起来到通州中学当老师。那时的工资很低，日子过得并不容易。不少人因此离开北京到南方[31]去做生意[30]。高文章听说后，1986年也到了深圳。那里机会多，很快他就开了一家做运动鞋的公司。那时候，中国喜欢运动的人越来越多，高文章的公司发展得不错，三年以后他就变得有钱了。蓝天还留在通州。1989年他们在北京结了婚。

　　1990年5月4日，他们的孩子来到了这个世界，是个男孩。孩子的名字他们早就商量[65]好了，叫高远。回深圳的公司以前，高文章找了一个保姆[66]，帮助蓝天照顾孩子。他有时

65. 商量 shāngliang: to discuss
66. 保姆 bǎomǔ: nursemaid

间、有机会就回北京陪陪妻子和孩子。

　　1992 年 5 月 4 日，高远两岁生日，高文章从深圳回到北京。他给儿子的生日礼物是两件漂亮的红衬衫，衬衫的口袋[24]上有一朵[25]山茶花，很特别，也很好[64]看，蓝天特别喜欢。

　　那天晚上，吃完儿子的生日蛋糕，高文章打开[22]了电视。电视新闻里说：中国西南一个省的万山县，有些孩子没有钱上学[1]，只能在家里帮父母干活[2]，特别是女孩子，有些十几岁了都不认识字。现在，万山县开展一个叫"手拉手"的活动[3]，让经济情况比较好[64]的一个城里家庭，帮助一个

5

10

困难的农民家庭，让他们的孩子能上学[1]。

高文章和妻子听到这个新闻，都觉得，孩子不能上学[1]接受教育，是个很大的问题。蓝天对高文章说："文章，我们家现在不困难了，我们参加这个"手拉手"活动[3]，帮助一个不能上学[1]的孩子，怎么样?"

高文章觉得这个主意不错。帮助什么样的孩子呢?

蓝天说："你看这样好不好：在农村，女孩最可怜[80]。我们帮助一个女孩吧。她的生日要和儿子高远的生日一样，都是 1990 年 5 月 4 日。帮助这样的一个女孩，就像是我们又有了一个女儿。"

高文章知道，妻子虽然喜欢儿子，可是也特别希望有一个女儿。所以他马上表示同意。

"和儿子一样大的孩子才两岁呀，怎么接受教育? 农村是没有幼儿园[67]的。再说，那个万山县真有跟高远同

67. 幼儿园 yòu'éryuán: kindergarten

一天生日的女孩吗？"高文章说。

"我们现在可以请万山县"手拉手"活动³办公室帮我们去找啊。如果找到了，我们这几年先给那个孩子寄一些吃的、用的东西。你给高远买的两件红衬衫，女孩子也可以穿，我们给她寄一件去。等到她6岁时，我们再寄钱帮助她上学¹。"

"好，这件事就由你来办吧！"高文章笑着说。

高远过完两岁生日，高文章就坐飞机回了深圳。蓝天把高远送进了幼儿园⁶⁷。因为学校的工作很忙，每天接送高远的事都是由家里的保姆⁶⁶江小圆负责。孩子小，每天上午九点送去，下午三点就接回来。

高远上幼儿园⁶⁷快一个月了。有一天，蓝天下课回到家，都五点了，可是高远和保姆⁶⁶小圆还没有回来。蓝天很紧张，不知道怎么回事，马上给幼儿园⁶⁷打电话，电话没有人接。她急忙跑过去找，幼儿园⁶⁷里没有人，老师们都回家了。

　　她想，是不是小圆带孩子到公园去玩儿了？她很快跑到公园，也没找到他们。问题严重了！蓝天叫来几个朋友和老师，大家一起在学校里面和

5　周围的街上找。一个小时过去了，两个小时过去了，他们从东跑到西，从南跑到北，连商店和超市里都找了，还是没找到小圆和孩子。一直到晚上八点多，有一个老师在火车站⁶⁸旁边

10　找到了小圆，火车站离学校有十多条街。

　　他们跑到那里，小圆坐在地上，一边大声哭，一边不停地说着："对不

---

68. 站 zhàn: station (noun)

起，蓝阿姨，对不起您……"旁边站着两个警察[69]。

"高远呢？高远在哪儿?!"蓝天叫了起来，她要马上见到儿子。

"真的对不起，高远丢了，我没保护好他……"小圆哭个不停，一边哭一边讲下午发生的事情：

"今天下午，下着小雨，我像平常一样，两点半去幼儿园[67]接高远。在回来的路上，就在学校书店前边的那条小街上，我看见地上坐着一个人，是一个四十多岁的男人，他抱着肚子大叫："疼！疼！快来帮帮我吧！帮帮我!"那时路上没有别人，我就走过去问他怎么了。他说他突然病了，是老问题，可是身上没有带药。他从口袋[24]里拿出50块钱，让我到对面的药店给他买阿司匹林。我看他疼得站不起来，就想帮帮他。那人不停地叫疼，对我说:'小妹妹，赶快帮我去买药吧，我受不了了!'看他急得那个样子，我就把高远放在他身边，让他照顾一下。我很快拿着药跑回来，可

69. 警察 jǐngchá: police

是，那个男人和高远都不见了！我这
才明白，坏了，孩子被那个男人骗[70]
走了！我又着急又害怕，我想，只有
几分钟时间，骗子[71]一定还在附近，
我就赶快在街上跑，到处找，到处
问。我不知道跑了多少条街，过了多
长时间，后来，我跑不动了，可是，
还是没有找到孩子……"

小圆哭累了，声音越来越小。过
了一会儿，她接着说：

"我想，骗子[71]带着孩子，一定会
坐车离开北京，我就到这个火车站来
找。可是，这里也没有……蓝阿姨，
我对不起您呀！真的对不起您呀！"小
圆的哭声突然变得很大。

警察[69]记下了小圆的话，把她带
回公安局，又问了她很多问题。公安
局还把高远被骗子[71]骗[70]走的消息刊登
在第二天的报纸上，请社会上的人帮
忙找回孩子。可是，日子一天天过
去，没有高远的任何消息。

70. 骗 piàn: to cheat, to trick
71. 骗子 piànzi: con man

Want to check your understanding of this part?
Go to the questions on page 92.

9. 还是要"手拉手"

儿子丢了，穿走了一件红衬衫，另一件本来是打算寄给万山县的一个女孩子的。但是，他们还没来得及跟万山县"手拉手"办公室联系[7]，儿子却没有了……

不管蓝天和高文章怎么努力，都不能从痛苦中走出来。想儿子的时候，蓝天就把那件留下来的红衬衫拿出来看看。一天，蓝天从药店那条街经过，又想起了儿子。几个月以前，儿子就是在那里丢的。她想着想着，不知怎么，忘了看红绿灯，走到了马路中间，突然，一辆汽车开过来，蓝天被撞了，倒在地上……

几天以后，蓝天醒[72]了，她发现自己躺在医院的床上，高文章坐在床边，一只手握着她的手。她努力地想

5

10

15

72. 醒 xǐng: to wake up

动一动身体。

"腿，腿，我的腿呢？！"她突然叫了出来。

高文章站起来，低下身子抱着妻子："不怕，不怕，我们会好的，会好的。"他的声音很小，他的心在疼。除了这句话，高文章不知道还可以对妻子说什么。妻子还不知道，住院的第五天，大夫告诉他，经过检查，蓝天不但只能剩一条腿，而且以后也不能再生孩子了……

三个星期以后，蓝天坐在轮椅⁴⁹上，高文章推⁷³着她回到了通州中学的家里。虽然高文章在深圳的公司生意越来越好，他也越来越忙，可是，他知道，这个时候，蓝天最需要他。他把公司的工作做了安排，在北京陪了妻子一段时间。

快要到冬天了，房间里有点儿冷。那天没刮风，高文章推⁷³着蓝天，想一起到公园里走走，晒晒太阳。

"蓝天，跟我去深圳吧，深圳暖

5

10

15

20

73. 推 tuī: to push

55

和，也不下雪，冬天也有二十多度。到那边以后，你就在家里休息，写小说⁷⁴，别工作了。"高文章跟妻子谈起了以后的打算。

5 "我才三十岁，现在就不工作？我可以用拐杖⁷⁵走路，还有轮椅⁴⁹，能照顾自己的。"蓝天说。

"那就到那边去找个学校，不要在北京了。"高文章说。

10 "我是想换个地方。一个人住在现在的家里，看到儿子的东西就难过。可是，深圳的工作要慢慢找，不是马上就有机会的。你看，这样好不好，我去考研究生，回到大学再读三年书，研究生毕业以后到深圳找工作也

15 容易一些。"

高文章觉得这个想法²⁹不错。妻子一直都喜欢学习，回到大学读研究生，换个环境，换一种生活，对她的心情有好处⁷⁶。

20 蓝天选择的是中华大学⁵¹中文

74. 小说 xiǎoshuō: novel, fiction
75. 拐杖 guǎizhàng: crutch
76. 好处 hǎochù: benefit

系⁴³。1993年3月，她收到中华大学⁵¹的信，她考³⁷上了研究生！

念研究生的日子，蓝天很忙。她住进了中华大学⁵¹的研究生宿舍，只有高文章从深圳回来的时候，他们才 5 到通州那边的房子里住一住。

日子过得很快，到了1996年春天，再有几个月蓝天就要从中华大学⁵¹毕业了。她申请了去深圳的南方大学中文系⁴³做老师。南方大学觉得她的 10 小说⁷⁴写得很好，很快就决定接受她，让她去教文学写作⁵⁴。

1996年暑假，蓝天跟高文章一起整理⁷⁷着北京家里的东西，准备搬到深圳去。打开²²箱子⁷⁸，她又拿出了那件有山茶花的红衬衫。她想，5月4日是儿子的生日，儿子要是没丢，已经六岁，要上小学了。这时她想起了四年前她和高文章决定帮助万山县一个女孩子上学¹的事。

"文章，我觉得我们那年决定的那件事很有意义，还是应该做，你同意吗？"她跟高文章商量⁶⁵。高文章当然同意妻子的意见，蓝天马上就跟万山县"手拉手"办公室联系⁷。

过了两个月，万山县"手拉手"办公室打来电话，告诉她，他们找到了一个1990年5月4日生的女孩。孩子叫方小草，她家里很困难，但是孩子聪明、健康、漂亮。虽然才六岁，她已经能帮家里做很多事了。蓝天高兴极了，让高文章买了一件6岁左右的女孩子可以穿的红衬衫，样子跟那年儿子穿的一样，上面有山茶花的

77. 整理 zhěnglǐ: to sort out
78. 箱子 xiāngzi: suitcase

"红山茶"牌⁷⁹。蓝天给方小草家写了信，放进高文章新买的红衬衫的口袋²⁴里，把红衬衫，还有她买的笔、本子²³等都包在一起，从邮局寄了过去。第二天，又把准备好的钱寄到了万山县。

9月，蓝天跟着高文章到了深圳，开始在南方大学工作。

给方小苗讲完了她家的这些事，蓝教授说："十三年过去了，那年寄去的红衬衫和口袋²⁴里的信现在又回来了，生活中真有这样的巧合¹²！"

方小苗问："高文章叔叔呢？他好吗？"

"他最近在外国谈生意。不过，他已经买好了南方航空公司的机票，过几天就坐飞机回来了，我们可以到深圳机场去接他。"蓝教授说。

"蓝老师，我可以告诉小草，让她来深圳看您和高叔叔吗？"方小苗又问。

"还是不要让小草知道吧。"蓝天只是想帮助这个孩子，不希望小草和

79. 牌 pái: brand

59

她的家人有什么想法[29]。

　　"蓝老师，小草选择去北京上大学，就是为了去找到帮助我们的好心人[35]。她已经去通州中学找过您，还

5　去过您上研究生的中华大学[51]。我们离开万山县以前，爸爸妈妈就对我们说，小草和我是他们的孩子，也是帮助我们的好心人[35]的孩子……"方小苗说到这里，蓝老师眼睛里流出泪

10　水[62]，说不出话来。

　　从蓝教授家出来，方小苗很激动[50]。他要马上告诉妹妹，还要告诉爸爸妈妈：帮助他们十几年的好心人[35]

找到了！他还要叫妹妹一放假就到深圳来，那时候高文章叔叔也从国外回来了！

Want to check your understanding of this part?
Go to the questions on page 92.

10. 可怜⁸⁰的孩子

1992年5月30日，钱聪明在北京谈完生意，坐上了从北京开往南方³¹的火车。过了一会儿，上来一个四十多岁的矮男人，两手抱着个睡觉的孩子，坐在他旁边。孩子很小，看上去只有两岁左右。他发现，孩子穿着一件自己公司生产的"红山茶"牌⁷⁹红衬衫!

孩子睡的时间真长啊。从北京上车，已经三个小时了，孩子一动也没动。周围有时候很吵，孩子都没醒⁷²。钱聪明看了看那孩子的脸，又黄又黑，好像病了。钱聪明想，孩子是感冒了吗? 不像，感冒会发烧，脸会很红，也不会这么安静。他又想，一个四十多岁的男人抱着这么小的孩子旅行，孩子的妈妈为什么没在一起?

80. 可怜 kělián: poor, pitiful

钱聪明是个有经验的人，他越想越觉得这里可能有问题，这个孩子恐怕是吃了什么药，才这样不吃不喝、不吵不闹地一直睡，而且脸色那样难看。他心里突然有个想法²⁹：这孩子会不会是骗来的？那个男人是不是一个骗子⁷¹？

"大哥，你也是去南方³¹吧？这火车开得真慢啊。"钱聪明想办法跟那个男人说话。

"啊……对，南方³¹。"那人回答，声音不太清楚。

"孩子怎么啦？"他问。

"哦，没关系……他、他有点儿不舒服。"那人还是回答得很慢，好像在想什么事。

"你抱了这么久，累了吧。我帮你抱抱？"钱聪明又说。

"不用不用！我们很快就要下车了。"那人不客气地说，样子有点儿紧张。

钱聪明听出来了，确实有问题！刚才他说要去南方³¹，现在说很快要下车，可是火车现在还在北方呢！

没多久，火车到了一个小站⁶⁸，那人紧张地站起来，抱着孩子下了火车。钱聪明跟在他后面，也下了火车。他要看看那个人到底要去哪里。

5　　　那人在车站⁶⁸旁边坐上了一辆出租车，车比较旧，看起来不太安全。钱聪明也跟着上了那辆车，坐在那人的后边，这辆车一共六个座，都坐满了人，有一个司机，还有五个客人。

10　　　车子向山里开去。也不知道怎么回事，那辆车在山路上跑着跑着，忽然向右一拐，就翻到了山下！

当钱聪明从车子里爬出来的时候，第一个想到的就是那个孩子。他
15　一个人一个人地找，天啊，死了两个人，一个是那个抱孩子的男人，他躺在离车子很远的地方，孩子躺在离他不远的地方，鼻子上有血⁸¹，可是脚还在动！司机也没死，只是躺在那里
20　不能动了，那情形真让人害怕。

钱聪明流着泪，紧紧地抱着孩子，不知道该怎么处理。后来，警察⁶⁹来了。他们让司机喝了点儿水，司机

81. 血 xiě: blood

开始说话。他告诉警察[69]：是他太不小心，出了大错，他对不起车上的人。警察[69]也问了钱聪明一些问题，知道不是钱聪明的原因，就叫他留下电话和地址[82]，告诉他可以离开了。 5

钱聪明没有马上走，他问警察[69]："这个孩子现在没有人照顾，你们有什么打算吗？"

警察[69]说："如果他家没大人了，我们会给他找一个家庭照顾他。" 10

钱聪明说："那让我来照顾他好不好？这孩子很可怜[80]，我和我妻子还没有孩子，我们会好好养他。以后如

82. 地址 dìzhǐ: address

果找到了孩子的父母，我们再把他还回去。"

钱聪明说的是真话，他和妻子结婚五年了，一直没生孩子。医生说他们的身体有问题。现在遇到这么可怜[80]的一个孩子，他想，也许是老天[83]的意思！

警察[69]了解了钱聪明家里和工作的情况，让他填了一个表，同意了他的要求。

钱聪明带着孩子回到深圳的家里，妻子很高兴。两人一起带孩子看了医生，小心地照顾他。孩子很快就好起来了，越来越可爱。

妻子和钱聪明商量[65]，要给孩子想个名字。钱聪明说："这个孩子真可怜[80]，希望他以后能快乐，就叫他钱乐乐吧。还有，他应该有个生日，孩子看起来有两岁多，我们就把他的生日定[84]在1990年6月1日好不好？6月1日是儿童节，全世界的孩子一起过节，也算[15]给乐乐过生日。"

83. 老天 lǎotiān: Heaven, God
84. 定 dìng: to set, to fix

妻子觉得钱聪明的想法[29]很好，孩子的名字和生日就这样定[84]了。妻子也同意，不管什么时候，只要能找到孩子的父母，自然是要把孩子还给人家[46]的。丢了孩子，他的父母一定很难过。

5

那时候我们国家还没有互联网[85]，找一个丢了的孩子很不容易。几年过去了，还是没有找到钱乐乐的父母。1996年夏天，孩子六岁，该上学[1]了，钱聪明就把钱乐乐送回万山县茶花村的老家[86]。那里的红山茶希望小学[28]是他的公司帮助建[32]起来的，他希望孩子到老家[86]的学校去上学[1]。乐乐到茶花村跟钱聪明的父母一起生活，老人很高兴，非常喜欢乐乐。

10

15

Want to check your understanding of this part?
Go to the questions on page 93.

---

85. 互联网 hùliánwǎng: internet
86. 老家 lǎojiā: hometown

11. 第二个父母

哥哥找到了帮助他们十几年的好心人[35]，方小草激动[50]得好[64]几个晚上都睡不着觉。她已经给蓝教授打了三次电话，天天盼[87]着学校放假，一放假她就可以去深圳看蓝教授和高叔叔了。

新年到了，学校放三天假，方小草还向学校请了一天假[88]，放假的前一天她就坐火车来到了深圳。她穿着乐乐送给她的那件"红山茶"牌[79]红衬衫，漂亮、可爱！见到蓝教授，小草叫一声"蓝阿姨……"，她们就紧紧地抱在一起，一句话也说不出来了。

蓝教授十分激动[50]，在小草身上轻轻地拍着："好孩子，真不容易！你现在这样，高高兴兴地上大学，就是我们希望的。"

87. 盼 pàn: to hope for, to expect
88. 请假 qǐng jià: to ask for leave

　　<u>高文章</u>叔叔给<u>小草</u>和<u>小苗</u>买了香
蕉等各种各样的南方³¹水果。晚饭也
是他自己做，不要保姆⁶⁶帮忙。他要
给<u>小草</u>和<u>小苗</u>做深圳最好吃的鱼。还
有一些好吃的菜，<u>小草</u>和<u>小苗</u>没有吃
过，也不知道名字。

　　还有三天她就要回<u>北京</u>上学¹了。
<u>方小草</u>对帮助自己的好心人³⁵的爱，
在心里已经装了十几年了，她要在这
三天的时间里，把这些爱都给<u>蓝</u>教授
和<u>高</u>叔叔。她帮他们洗衣服、买菜、
做饭、收拾房间。白天推⁷³着坐在轮
椅⁴⁹上的<u>蓝</u>阿姨，陪她在外边散步，
照顾<u>蓝</u>阿姨的生活；晚上吃完晚饭，

5

10

她给蓝阿姨和高叔叔讲她在茶花村的生活，还有她上学[1]的故事……从儿子高远丢了以后，蓝天和高文章从来没有这样开心过；有小草陪着的两天，他们两个人都像年轻了好[64]几岁。

到深圳的第二天，小草给蓝阿姨家打扫房间。客厅别的地方都收拾干净了，最后开始收拾靠墙的那个桌子。桌子上摆着一些纸，几支笔，有点儿乱。最上面的一张纸上写着"两件红衬衫"几个字，下面还有蓝阿姨的名字"蓝天"。看到这几个字，方小草心里一紧，有点儿想哭。

突然，她看到桌子上边的墙上挂着的一张照片，她的眼睛睁[89]得很大，看了很久很久。

"怎么啦，孩子?"蓝阿姨问。

"啊，我……"方小草不知道该怎么回答。

那墙上挂着的是一张黑白照片，照片的下边写着几个字："高文章在北京"，应该是高叔叔年轻时候照的。可是，照片上的高叔叔特别像钱

---

89. 睁 zhēng: to open (eyes)

乐乐，尤其是那副眼镜后面的那双眼睛，还有鼻子下面的那张嘴，长得和钱乐乐完全一样！

小草走到外边，陪蓝阿姨坐着说话。她不想把她发现的事情告诉蓝阿姨，他怕蓝阿姨想起儿子的事会难过。而且，两个人长得像，不一定就有什么关系。

可是，蓝阿姨却开始对小草说起了儿子高远："高远那个孩子要是那年没丢，现在也是大学生了。"说着，她难过起来。

小草试着问蓝阿姨："一直没有高远的消息吗？高远一定很可爱，像不像高叔叔？"

蓝阿姨说："孩子，你推⁷³我去卧室，我给你看几样东西。"

蓝阿姨让小草从卧室的柜子⁹⁰里拿出一个盒子⁴⁴，盒子⁴⁴里面有一件红衬衫，一张旧报纸，还有很多高远的照片。蓝阿姨告诉小草：高远丢了的那一天，穿的就是这样的红衬衫，上面的口袋²⁴上有一朵²⁵山茶花。那张旧

90. 柜子 guìzi: cabinet

报上有高远被骗走的消息，还特别说到高远左边的屁股[91]上有一块红色的胎记[92]！

盒子[44]里的照片很多，从高远刚生下来到他过两岁的生日、上幼儿园[67]，一共有几十张。小草越看，越觉得照片上的孩子像钱乐乐。她在钱乐乐家看过乐乐小时候[16]的照片，跟高远两岁时候的照片就是一个人！

小草想对蓝阿姨说，可是，这么大的事情，要是弄错了怎么办？那不是让蓝阿姨更难过吗？一定要先弄清

91. 屁股 pìgu: buttocks
92. 胎记 tāijì: birthmark

楚再说。

她想等小苗来了以后，跟他商量⁶⁵怎么办。

小草问蓝阿姨："蓝阿姨，我想留几张高远的照片，可以借您的照相机拍吗?"她想让小苗看看照片上的孩子是不是钱乐乐。

"啊，好……不，你等等,那个柜子⁹⁰里还有一个小盒子⁴⁴，你去拿来。"蓝阿姨说。

小草找到了小盒子⁴⁴，蓝阿姨让她打开²²，里面是一个漂亮的手机，红色的，就像那件红衬衫一样。

"小草，喜欢吗? 那是高叔叔从美国买给你的，你用它拍吧。你也可以用它听音乐，听英语，回北京以后也可以用它给我们打电话。"蓝阿姨说。

小草真没想到，蓝阿姨和高叔叔送给她这么漂亮的手机。小草虽然一直有蓝阿姨和高叔叔帮助，可是家里困难，手机对她来说还是太贵了。一个人在北京，没有手机真不方便。小草想，蓝阿姨和高叔叔真的是她的第二个爸爸妈妈，知道她需要什么。

两件红衬衫

　　她用<u>蓝</u>阿姨送的新手机拍了<u>高远</u>的照片，也拍了墙上那张<u>高</u>叔叔年轻时候的照片。

> Want to check your understanding of this part?
> Go to the questions on page 93.

74

12. 钱聪明的心里有点儿乱

　　下午，小苗来了。小草问他："你知不知道，钱乐乐的屁股⁹¹上有没有胎记⁹²？"

　　"胎记⁹²？我不知道。你怎么突然问这个问题？"小苗说。

　　小草拿出手机，让小苗看高叔叔年轻时候的照片，还有高远的照片。 5

　　"这不都是钱乐乐嘛！他发给你的啊？"小苗说。

　　小苗也觉得照片上的人是钱乐乐！小草很激动⁵⁰。她把今天在蓝阿 10
姨家看到这些照片的事告诉了小苗，还有那个报纸上说的胎记⁹²的事。

　　小苗想了想，对小草说："这件事你现在不要跟蓝阿姨和高叔叔说，让我先去弄清楚。我想应该先跟钱聪明 15
叔叔谈一谈。乐乐是他的儿子，他比乐乐更清楚乐乐的事，乐乐的屁股⁹¹上有没有胎记⁹²他一定知道。另外，如果乐乐真的是高远，我们也应该先问问钱叔叔的态度。不管怎样，是他把乐乐养大，对乐乐又那么好，他是乐乐的爸爸。"

5　　小苗虽然是哥哥，可是只比小草大几十分钟。在这件事上，小草觉得哥哥比她聪明多了，好像是个老大哥一样。

　　说起乐乐，方小草心里总有一种说不出来的味道。她把这种感觉放在10　心里。从上大学开始，他们已经分别三个多月了，小草总是常常想到乐乐，常常查看电子信箱里有没有乐乐发来的新邮件。宿舍里没有别的同学的时候，她就拿出<u>乐乐</u>写给她的那封信看一看，还有他送的"<u>红山茶</u>"牌[79]红衬衫。

　　<u>小苗</u>一回到学校宿舍，就给<u>钱聪明</u>打电话："喂，钱叔叔，好久不见！我是<u>小苗</u>。<u>小草</u>来深圳了，我们想去看看您，还有一样东西要给您看看。您明天有时间吗？"

　　"好啊，明天有时间，我开车去接你们，我们一起去<u>长城饭店</u>吃午饭，那家餐厅的饺子很好吃。"<u>钱聪明</u>在公司还是很忙，但是明天他也放假。

　　第二天，三个人在饭店里刚坐下，服务员就送来菜单。<u>小苗</u>虽然已经饿了，可他连看都不看，就着急地问："钱叔叔，<u>乐乐</u>的左边屁股[91]上是不是有一个胎记[92]？"

　　<u>钱聪明</u>没想到<u>小苗</u>突然问他这个问题，他感觉到<u>小苗</u>有什么重要的事情要跟他说。他没有马上回答<u>小苗</u>，而是问他："怎么了？<u>乐乐</u>出什么事了吗？"

　　"不，不是<u>乐乐</u>出了什么事。"<u>小苗</u>拿出<u>小草</u>的新手机，接着说："叔

叔，您看看这张照片。"

"啊，乐乐！"他刚叫出声，马上就想到，小苗和小草一定发现了什么。"你们一定有事要告诉我，说吧。"他接着说。

5

钱聪明也是个好人，小草和小苗还是小孩子的时候，钱聪明对他们就很照顾，而且小草和小苗跟钱乐乐又是好朋友，所以跟钱叔叔说话，这两个孩子都不担心。小草就把他们找到蓝阿姨和高叔叔，还有在蓝阿姨家看到、听到的事都告诉了钱叔叔。

10

钱聪明听完，很久都没有说话。他脸上没有什么变化，可是小苗和小草能感觉到，他心里非常激动[50]，他是在想着怎么跟他们说。又过了一会儿，他喝了一口酒，才说："小草，小苗，你们想的是对的。乐乐不是我们生的，他有生他的父母，但是我们一直都不知道他们是谁，在哪儿。现在看来，蓝教授和高先生就是乐乐的父母。"

钱聪明又喝了一口酒，然后细细地给他们讲了1992年他在路上遇到被骗的乐乐和把他带回家的经过。

说完，钱聪明问小草："那一年，乐乐是怎么被骗的，我一直都不知道。蓝教授跟你们讲了吗？"小草就把蓝阿姨跟她讲的事情都告诉了钱叔叔。

听完乐乐被骗的事，钱聪明说："谢谢你们帮我找到了乐乐的父母，这本来也是我和我太太的一个愿望[36]。我现在心里有点儿乱，又高兴又害怕。乐乐本来就是蓝教授和高先生的儿子，让我跟我太太商量[65]一下，应该怎样把这件事告诉<u>乐乐</u>，怎么跟<u>蓝</u>教授和<u>高</u>先生联系[7]。你们把<u>蓝</u>教授家的电话号码给我吧。"

Want to check your understanding of this part?
Go to the questions on page 93–94.

13. 电影《两件红衬衫》

2009年3月20日，是一个大晴天，天上一点儿云都没有。万山县茶花村山上各种颜色的茶花都开[6]了。钱聪明的公司和高文章的公司一起建[32]的"山茶花电影电视城"完成了。电影电视城前面来了好[64]多好[64]多的人，像节日一样。钱聪明来了，高文章来了，蓝天坐着轮椅[49]来了，方向强和他的妻子来了，万山县"手拉手"办公室的领导也来了。会场上到处都是人，有一些女孩子给大家当服务员、当导游。还有钱乐乐、方小草、方小苗，今天是个特别的日子，他们在学校请了假[87]，也都来了。钱乐乐、方小草都穿着漂亮的"红山茶"牌[79]红衬衫，小草穿着一条新裙子，特别好看。

钱聪明走到前边，对大家说："感谢大家今天到这里来，跟我和高文章先生一起，庆祝<u>山茶花电影电视城</u>建[32]成，庆祝<u>蓝天</u>教授写的电影《两件红衬衫》在我们的电影电视城开拍。在这里，我还要告诉大家两个更重要的事，也是两个大喜事！

　　首先，大家都知道，<u>方向强</u>先生家的<u>小草</u>从上小学开始，就一直得到<u>北京</u>的好心人[35]的帮助，没有他们，<u>小草</u>和<u>小苗</u>都很难坚持学习、上大学。这么多年，帮助他们的好心人[35]做了好事，却一直不让别人知道他们是谁。<u>小草</u>和<u>方向强</u>先生一直要感谢他们，却不知道找谁去感谢。今天，我非常高兴地告诉大家，好心人[35]现在找到了，他们就是<u>蓝天</u>教授和她的丈夫<u>高文章</u>先生！"

　　<u>钱聪明</u>说到这里，所有人都拍手，大声地叫着、喊着。<u>小草</u>和<u>蓝阿姨</u>、<u>高叔叔</u>紧紧地抱在一起。<u>方向强</u>和<u>小草</u>的妈妈也走过来拉住了<u>蓝天</u>和<u>高文章</u>的手。

　　"请大家安静。我还有一件大喜事要告诉大家。有人以前也许想过，我家的孩子<u>钱乐乐</u>可能不是我和我太太生的，你们想的是对的。<u>乐乐</u>是个可怜[80]的孩子，两岁的时候他家的保姆[66]把他弄丢了，很巧让我在路上遇到了，我把他带回家，跟我妻子把他养大。<u>乐乐</u>给我们全家带来了很多快乐。现在，<u>钱乐乐</u>，啊，不，他也叫<u>高远</u>，<u>高远</u>的父母找到了，他们就是，啊，也是——<u>高文章</u>先生和<u>蓝天</u>教授！"

　　<u>乐乐</u>走了过来，他拉着<u>高文章</u>的手，把头放在<u>蓝天</u>的腿上，叫着"爸

5

10

爸，妈妈……"三个人都流着眼泪。

很久很久，所有的人都没有说话，很多人也在流着眼泪。突然，不知道是谁先开始拍了一下手，接着所有人的手都跟着拍了起来……

5

Want to check your understanding of this part?
Go to the questions on page 94.

Want to check your vocabulary of this reader?
Go to the questions on page 95.

Want to check your global understanding of this reader?
Go to the questions on page 96–98.

生词表
Vocabulary List

1	上学	shàng xué	to attend school
2	干活	gàn huó	to work
3	手拉手活动	"Shǒu-Lā-Shǒu" Huódòng	Hand-in-Hand Activities (活动 activity)
4	几	jǐ	a few
5	山茶树	shāncháshù	camellia (trees)
6	开(花)	kāi (huā)	to bloom
7	联系	liánxì	to contact
8	信封	xìnfēng	envelope
9	邮戳	yóuchuō	postmark
10	区号	qūhào	area code
11	飘	piāo	to float
12	巧合	qiǎohé	coincidence
13	户口	hùkǒu	registered residence
14	茶花村	Cháhuā Cūn	Camellia Village
15	算	suàn	to count, to regard as
16	小时候	xiǎoshíhou	in the childhood
17	厉害	lìhai	serious, intense
18	一下子	yíxiàzi	all of a sudden
19	初十	chūshí	the tenth day(of a month on the lunar calendar)
20	农历	nónglì	lunar calendar
21	公历	gōnglì	Gregorian calendar
22	打开	dǎkāi	to open, to turn on
23	本子	běnzi	notebook

24	口袋	kǒudài	pocket
25	朵	duǒ	measure word for flowers
26	摸	mō	to touch or feel
27	远方	yuǎnfāng	somewhere faraway
28	红山茶希望小学	Hóngshānchá Xīwàng Xiǎoxué	Camellia Hope Primary School
29	想法	xiǎngfǎ	idea
30	做生意	zuò shēngyi	doing business (生意 business)
31	南方	nánfāng	south region of China (北方 north; 东部 east; 西部 west)
32	建	jiàn	to build
33	天上	tiānshang	heaven (老天 God)
34	酷	kù	cool
35	好心人	hǎoxīnrén	good Samaritan, good-hearted people
36	愿望	yuànwàng	desire
37	考	kǎo	to test, to examine
38	东方国际电影电视大学	Dōngfāng Guójì Diànyǐng Diànshì Dàxué	Orient International Film and Television University
39	合办	hébàn	to jointly organize
40	梦想	mèngxiǎng	dream
41	首都	shǒudū	capital
42	当面	dāng miàn	face to face
43	中文系	zhōngwénxì	the Department of Chinese
44	盒子	hézi	box
45	美好	měihǎo	beautiful, nice
46	人家	rénjia	he, him; she, her; they, them
47	别说	biéshuō	not to mention (conjunction)
48	年纪	niánjì	age

49	轮椅	lúnyǐ	wheelchair
50	激动	jīdòng	excited
51	中华大学	Zhōnghuá Dàxué	China University
52	邮箱	yóuxiāng	mailbox
53	学期	xuéqī	semester
54	写作	xiězuò	writing
55	微笑	wēixiào	to smile
56	读者	dúzhě	reader
57	钥匙	yàoshi	key
58	用力	yòng lì	to put forth one's strength
59	扶	fú	to support with one's hand
60	点头	diǎn tóu	to nod
61	书包	shūbāo	school bag
62	泪水	lèishuǐ	tears (泪 tears)
63	唉	āi	alas, an interjection expressing a feeling of regret or pitifulness
64	好	hǎo	quite
65	商量	shāngliang	to discuss
66	保姆	bǎomǔ	nursemaid
67	幼儿园	yòu'éryuán	kindergarten
68	站	zhàn	station (noun)
69	警察	jǐngchá	police
70	骗	piàn	to cheat, to trick
71	骗子	piànzi	con man
72	醒	xǐng	to wake up
73	推	tuī	to push
74	小说	xiǎoshuō	novel, fiction
75	拐杖	guǎizhàng	crutch

76	好处	hǎochù	benefit
77	整理	zhěnglǐ	to sort out
78	箱子	xiāngzi	suitcase
79	牌	pái	brand
80	可怜	kělián	poor, pitiful
81	血	xiě	blood
82	地址	dìzhǐ	address
83	老天	lǎotiān	Heaven,God
84	定	dìng	to set, to fix
85	互联网	hùliánwǎng	internet
86	老家	lǎojiā	hometown
87	盼	pàn	to hope for, to expect
88	请假	qǐng jià	to ask for leave
89	睁	zhēng	to open (eyes)
90	柜子	guìzi	cabinet
91	屁股	pìgu	buttocks
92	胎记	tāijì	birthmark

练 习
Exercises

1. 一封奇怪的信

根据故事选择正确答案。 Select the correct answer for each of the questions.

(1) "手拉手"办公室收到的信是从哪里来的?

    A. 北京　　　　　　　　B. 深圳

(2) 为什么没有人申请这份帮助?

    A. 大家都不知道这个新闻　B. 没有孩子符合条件

(3) "手拉手"办公室的人怎么去找符合条件的孩子?

    A. 一家一家地去查　　　B. 在全县的户口[13]里找

(4) 领导为什么说高山乡有这一天出生的孩子?

    A. 他的工作日记里写的　B. 他查户口[13]的时候发现的

2. 谁是条件合适的女孩?

根据故事选择正确答案。 Select the correct answer for each of the questions.

(1) 方向强家的生活条件怎么样?

    A. 比很多家都好　　　　B. 很困难

(2) 1990年农历[20]四月初十[19]是几月几号?

    A. 4月10号　　　　　　B. 5月4号

(3) "手拉手"办公室的人找到符合条件的孩子了吗?

    A. 找到了　　　　　　　B. 没找到

(4) 方向强为什么很喜欢这件红衬衫?

    A. 红衬衫的样子很特别　B. 他喜欢红颜色

3. 两件红衬衫

下面的说法哪个对, 哪个错？ Mark the correct ones with "T" and incorrect ones with "F".

(1) 那天只有方小草穿着红衬衫去上学[1]。 　　　　(　)

(2) 钱聪明先在深圳电影院工作, 后来又开了一家做
衣服的公司。 　　　　　　　　　　　　　　(　)

(3) 钱聪明帮村里建[32]了希望小学。 　　　　　　(　)

(4) 钱乐乐在很多方面和大家不同, 所以开始的时候
大家都不喜欢他。 　　　　　　　　　　　　(　)

4. 钱乐乐是大家的好朋友

下面的说法哪个对, 哪个错？ Mark the correct ones with "T" and incorrect ones with "F".

(1) 同学们去钱乐乐家玩儿, 常把做作业都忘了。 (　)

(2) 钱乐乐家有很多好吃的, 好喝的, 还有很多好玩儿的。(　)

(3) 钱乐乐上中学时在城里住的房子是租的。 　　(　)

(4) 从城里到茶花村[14]有几[4]十公里, 2002年就通车了。 (　)

5. 人啊, 为什么要分别呢?

根据故事选择正确答案。 Select the correct answer for each of the questions.

(1) 方小苗上的是哪所大学?

　　A. 东方国际电影电视大学[38]　B. 北方大学

　　C. 南方大学

(2) 方小草为什么改变了原来的选择?

　　A. 她想离开哥哥独立生活　　B. 她要完成爸爸的一个愿望[36]

(3) 好心人³⁵知道方小草考上大学的事情吗？

　　A. 知道　　　　　　B. 不知道

(4) 方向强得到的电话号码是哪里的？

　　A. 北京的　　　　　　B. 南方³¹的

6. 好心人³⁵在哪里？

下面的说法哪个对，哪个错？ Mark the correct ones with "T" and incorrect ones with "F".

(1) 好心人³⁵没有了儿子，把方小草当作自己的女儿。　（　　）

(2) 现在用这个电话号码的人是通州的一个老师，姓蓝。（　　）

(3) 蓝天现在在中华大学⁵¹读研究生。　　　　　　（　　）

(4) 方小苗可能已经找到了好心人³⁵。　　　　　　（　　）

7. 让人激动⁵⁰的巧合¹²

根据故事选择正确答案。 Select the correct answer for each of the questions.

(1) 蓝教授给学生上什么课？

　　A. 文学课　　　　　　　　B. 写作⁵⁴课

(2) 蓝教授给学生讲了谁的故事？

　　A. 韦莲　　　　　　　　B. 小草

(3) 听完方小苗讲的巧合¹²，蓝教授怎么了？

　　A. 很高兴　　　　　　　　B. 很激动⁵⁰

(4) 蓝教授为什么哭了？

　　A. 听了她帮助过的小草的故事

　　B. 读了一封感人的信

8. 高远不见了

根据故事选择正确答案。 Select the correct answer for each of the questions.

(1) 蓝天和高文章大学毕业几[4]年以后结的婚？

    A. 三年   B. 五年

(2) 高文章给儿子两岁的生日礼物是什么？

    A. 红衬衫   B. 运动鞋

(3) 那天晚上蓝天和高文章做了一个什么决定？

    A. 参加"手拉手"活动，帮助一个不能上学[1]的孩子

    B. 找一个和儿子生日一样的女孩做他们的女儿

(4) 高远为什么下午五点了还没有回家？

    A. 保姆[66]小圆带他去公园玩儿了

    B. 他在学校书店前边的小街上被一个男人骗[70]走了

9. 还是要"手拉手"

下面的说法哪个对，哪个错？ Mark the correct ones with "T" and incorrect ones with "F".

(1) 蓝天被车撞了，只剩下一条腿，而且再也不能生孩子了。

                                                （　　）

(2) 高文章在深圳的公司很忙，完全没有时间陪妻子。　（　　）

(3) 蓝天念研究生的时候没有去通州的房子住过。　（　　）

(4) 高文章想起了和妻子四年前的决定，马上联系[7]了

    万山县"手拉手"办公室。　 （　　）

10. 可怜⁸⁰的孩子

下面的说法哪个对,哪个错? Mark the correct ones with "T" and incorrect ones with "F".

(1) 孩子感冒了,在火车上一直睡,一动也没动。 （ ）

(2) 钱聪明觉得那个抱孩子的男人是个骗子⁷¹。 （ ）

(3) 那个男人和钱聪明一样去了南方³¹。 （ ）

(4) 钱聪明收养了那个孩子,又把孩子的生日定⁸³在
6月1号儿童节那天。 （ ）

11. 第二个父母

根据故事选择正确答案。 Select the correct answer for each of the questions.

(1) 小草新年放了几⁴天假?

A. 三天　　　　　　　B. 四天

(2) 小草在蓝教授家发现了什么?

A. 高叔叔长得和乐乐特别像

B. 一张旧报纸和一件红衬衫

(3) 高远丢的时候几⁴岁?

A. 两岁　　　　　　　B. 三岁

(4) 蓝教授送给小草什么礼物?

A. 一件红衬衫　　　　B. 一个红色的手机

12. 钱聪明的心里有点儿乱

下面的说法哪个对,哪个错? Mark the correct ones with "T" and incorrect ones with "F".

(1) 小草手机上的两张照片都是钱乐乐。 （ ）

(2) 小苗觉得应该先把事情跟钱聪明说一下。　　　（　　）

(3) 钱乐乐的屁股⁹¹上有个胎记⁹²。　　　　　（　　）

(4) 钱聪明原来就知道乐乐真正的父母是谁。　　　（　　）

13. 电影《两件红衬衫》

根据故事选择正确答案。Select the correct answer for each of the questions.

(1) 茶花村¹⁴为什么来了好多人？

　　A. "山茶花电影电视城"建³²成了　　　　B. 过节了

(2) 电影《两件红衬衫》是谁写的？

　　A. 高文章　　　　　B. 蓝天　　　　　C. 钱聪明

(3) 方向强要找的好心人³⁵找到了吗？

　　A. 找到了　　　　　B. 没找到

(4) 钱乐乐真正的父亲是谁？

　　A. 钱聪明　　　　　B. 蓝天　　　　　C. 高文章

词汇练习 Vocabulary exercises

选词填空。Fill in each blank with the most appropriate word.

A. 习惯　　B. 困难　　C. 巧合[12]　　D. 激动[50]　　E. 可怜[80]

(1) 他们从小就有帮父母做事的好_____。

(2) 乐乐是个_____的孩子,两岁的时候他家的保姆[66]把他弄丢了。

(3) 接受帮助的家庭经济非常_____,真的需要帮助。

(4) 方小草_____得好[64]几[4]个晚上都睡不着觉。

(5) 十三年过去了,那年寄去的红衬衫现在又回来了,生活中真有这样的_____。

A. 用功　　B. 建[32]　　C. 实现　　D. 难过　　E. 照顾

(1) 钱聪明的公司和高文章的公司一起_____的"山茶花电影电视城"完成了。

(2) 三个孩子上学[1]都很_____,在学校表现得都很棒。

(3) 高文章给蓝天找了一个保姆[66],帮助她_____孩子。

(4) 开学刚两个星期,方小草就想着怎么_____她和爸爸的愿望[36]。

(5) 想到要离开哥哥,有很长时间,方小草的心里都有点儿_____。

A. 接受　　B. 整理[77]　　C. 摆　　D. 挂　　E. 联系[7]

(1) 蓝天跟高文章一起_____北京家里的东西,准备搬到深圳去。

(2) 孩子不能上学[1]_____教育,是个很大的问题。

(3) 卧室的墙上_____着一张地图和一张画。

(4) 桌子上_____着一些纸、几[4]支笔,有点儿乱。

(5) 为了_____方便,好心人[35]给办公室留了一个电话号码。

综合理解 Global understanding

根据整篇故事选择正确的答案。Select the correct answer for each of the gapped sentences in the following passage.

方小草是万山县高山乡茶花村[14]农民(A. 方向强　B. 方小苗)的女儿。家里的生活十分(A. 富裕　B. 困难)。在好心人[35]的帮助下,她才上了学,并且考上了自己喜欢的大学——(A. 东方国际电影电视大学[38]　B. 北方大学)。去北京上大学前,方向强拿出一个小包给小草,里面有小草小时候[16]穿过的红衬衫和一个信封[8]。他告诉小草,这些都是帮助她上学[1]的好心人[35]当年寄来的,那个好心人[35]就在北京,他已经从(A. "手拉手"办公室　B. 好心人[35]的信里)得到了好心人[35]的电话号码,但是一直联系[7]不上。他希望小草到北京后,能找到这位好心人[35],好好(A. 感谢　B. 照顾)人家[46]。

方小草到了北京,就开始想办法找帮助她的好心人[35]。她查了爸爸给她的电话号码,找到了(A. 北方大学　B. 通州中学)的一位老师,却不是帮助她的好心人[35]。她问来问去,终于知道当年使用这个号码的人姓蓝,叫蓝天,但是他们一家早就搬走了。现在蓝天是深圳南方大学的教授,那里正好是哥哥(A. 方小苗　B. 钱乐乐)的大学。小草想着马上告诉哥哥,没想到哥哥已经发现自己的(A. 中文课　B. 写作[54]课)老师可能就是帮助他们的好心人[35],让小草赶快把(A. 当年的红衬衫和信　B. 爸爸给的电话号码)寄给自己。

看到红衬衫和信的蓝天教授激动[50]得哭了,她正是方小草要找的好心人[35]。十几年前,蓝教授和丈夫高文章、儿子高远过着(A. 痛苦　B. 幸福)的生活。在高远(A. 六岁　B. 两岁)生日的时候,她和丈夫看到了万山县"手拉手"活动的(A. 电视剧　B. 电视新闻),决定帮助农村一个(A. 与高远同一天生日的女孩　B. 家庭条件困难的孩子)接受教育,就像是他们又有了一个女儿。作为高远生日礼物的(A. 两件红衬衫　B. 两个红手机),正好给两个孩子一人一件。但谁也没有想到,刚过完生日,高远有一天(A. 上小学　B. 从幼儿园⁶⁷放学),被一个骗子⁷¹骗⁷⁰走了,再也没有任何消息。蓝教授好⁶⁴几⁴年都没有从痛苦中走出来。几⁴年以后她(A. 去了南方大学⁵¹读研究生　B. 离开北京,去了深圳)。

　　得知帮助他们十几年的好心人³⁵找到了,方小草(A. 难过　B. 激动⁵⁰)得好⁶⁴几⁴个晚上都睡不着觉,一放假她就去了深圳,每天陪着(A. 方小苗　B. 蓝天和高文章)。一天,小草帮蓝教授打扫房间,看到了(A. 高文章　B. 蓝天)年轻时的照片,特别像(A. 方小苗　B. 钱乐乐)。蓝教授拿出了一件红衬衫,告诉小草:儿子高远丢的那一天,穿的就是这样的红衬衫。小草想起来,自己上学¹的第一天,穿的也是这种样子的红衬衫,而且那天(A. 方小苗　B. 钱乐乐)也穿着这样的红衬衫。她又看了高远两岁时候的照片,(A. 越看越觉得　B. 完全不觉得)跟钱乐乐小时候¹⁶的照片就是一个人。

　　方小草把自己的发现告诉了(A. 钱乐乐　B. 方小苗),又去问了(A. 蓝天　B. 钱聪明),才知道:钱乐乐原来并不是钱聪明夫妇生的,是当年钱聪明(A. 谈完生意回南方³¹　B. 回茶花村¹⁴建³²希望小学)时在路上遇到的一个(A. 生病　B. 被骗⁷⁰)的孩子,因为警察⁶⁹找不到他的父母,所以钱聪明收养了他。现在清楚了,乐乐(A. 就是　B. 不会就是)蓝教授和高叔叔的儿子高远。钱叔叔(A. 原来一直不知道　B. 一直都知道)谁是乐乐的父母,现在他(A. 又高兴又害怕　B. 又生气又紧张),不知道怎么把这些告诉乐乐,怎么跟蓝教授一家联系⁷,心里有点儿乱,于是小草把蓝教授家的(A. 电话号码　B. 地址⁸²信息给了他。

　　后来,(A. 钱聪明　B. 钱聪明和高文章)在万山县建³²了"山茶花电影电视城",(A. 方小苗　B. 蓝天)写的电影《两件红衬衫》在电影电视城开拍的那天,方小草、方小苗、钱乐乐,还有好多好多的人都来庆祝,像节日一样。(A.钱聪明　B.高文章)非常高兴地告诉大家:方向强和小草一直要感谢的好心人³⁵就是钱乐乐真正的父母——(A.高文章和蓝天　B.钱聪明和他的妻子)。很久很久,所有的人都没有说话,很多人在流着眼泪……

练习答案
Answer key to the exercises

1.一封奇怪的信
   (1) A   (2) B   (3) B   (4) A

2.谁是条件合适的女孩?
   (1) B   (2) B   (3) A   (4) A

3.两件红衬衫
   (1) F   (2) F   (3) T   (4) T

4.钱乐乐是大家的好朋友
   (1) F   (2) T   (3) T   (4) F

5.人啊,为什么要分别呢?
   (1) C   (2) B   (3) A   (4) A

6.好心人[35]在哪里?
   (1) T   (2) F   (3) F   (4) T

7.让人激动[50]的巧合[12]
   (1) B   (2) A   (3) B   (4) A

8.高远不见了
   (1) B   (2) A   (3) A   (4) B

9.还是要"手拉手"
   (1) T   (2) F   (3) F   (4) F

10.可怜[80]的孩子
   (1) F   (2) T   (3) F   (4) T

11.第二个父母
   (1) A   (2) A   (3) A   (4) B

12.钱聪明的心里有点儿乱

　　(1) F　　　　　　(2) T　　　　　　(3) T　　　　　　(4) F

13.电影《两件红衬衫》

　　(1) A　　　　　　(2) B　　　　　　(3) A　　　　　　(4) C

词汇练习 Vocabulary exercises

(1) A　　(2) E　　(3) B　　(4) D　　(5) C

(1) B　　(2) A　　(3) E　　(4) C　　(5) D

(1) B　　(2) A　　(3) D　　(4) C　　(5) E

综合理解 Global understanding

　　方小草是万山县高山乡茶花村¹⁴农民(A.方向强)的女儿。家里的生活十分(B.困难)。在好心人³⁵的帮助下,她才上了学,并且考上了自己喜欢的大学——(B. 北方大学)。去北京上大学前,方向强拿出一个小包给小草,里面有小草小时候¹⁶穿过的红衬衫和一个信封⁸。他告诉小草,这些都是帮助她上学¹的好心人³⁵当年寄来的,那个好心人³⁵就在北京,他已经从(A."手拉手"办公室)得到了好心人³⁵的电话号码,但是一直联系⁷不上。他希望小草到北京后,能找到这位好心人³⁵,好好(A. 感谢)人家⁴⁶。

　　方小草到了北京,就开始想办法找帮助她的好心人³⁵。她查了爸爸给她的电话号码,找到了(B. 通州中学)的一位老师,却不是帮助她的好心人³⁵。她问来问去,终于知道当年使用这个号码的人姓蓝,叫蓝天,但是他们一家早就搬走了。现在蓝天是深圳南方大学的教授,那里正好是哥哥(A.方小苗)的大学。小草想着马上告诉哥哥,没想到哥哥已经发现自己的(B. 写作⁵⁴课)老师可能就是帮助他们的好心人³⁵,让小草赶快把(A.当年的红衬衫和信)寄给自己。

看到红衬衫和信的蓝天教授激动^{50}得哭了,她正是方小草要找的好心人^{35}。十几年前,蓝教授和丈夫高文章、儿子高远过着(B.幸福)的生活。在高远(B.两岁)生日的时候,她和丈夫看到了万山县"手拉手"活动的(B.电视新闻),决定帮助农村一个(A.与高远同一天生日的女孩)接受教育,就像是他们又有了一个女儿。作为高远生日礼物的(A.两件红衬衫),正好可以给两个孩子一个人一件。但谁也没有想到,刚过完生日,高远有一天(B.从幼儿园^{67}放学),被一个骗子^{71}骗^{70}走了,再也没有任何消息。蓝教授好^{64}几^{4}年都没有从痛苦中走出来。几^{4}年以后她(B.离开北京,去了深圳)。

得知帮助他们十几^{4}年的好心人^{35}找到了,方小草(B.激动^{50})得好^{64}几^{4}个晚上都睡不着觉,一放假她就去了深圳,每天陪着(B.蓝天和高文章)。一天,小草帮蓝教授打扫房间,看到了(A.高文章)年轻时的照片,特别像(B.钱乐乐)。蓝教授拿出了一件红衬衫,告诉小草:儿子高远丢的那一天,穿的就是这样的红衬衫。小草想起来,自己上学^{1}的第一天,穿的就是这种样子的红衬衫,而且那天(B.钱乐乐)也穿着这样的红衬衫。她又看了高远两岁时候的照片,(A.越看越觉得)跟钱乐乐小时候^{16}的照片就是一个人。

方小草把自己的发现告诉了(B.方小苗),又去问了(B.钱聪明),才知道:钱乐乐原来并不是钱聪明夫妇生的,是当年钱聪明(A.谈完生意回南方^{31})时在路上遇到的一个(B.被骗^{70})的孩子,因为警察^{69}找不到他的父母,所以钱聪明收养了他。现在清楚了,乐乐(A.就是)蓝教授和高叔叔的儿子高远。钱叔叔(A.原来一直不知道)谁是乐乐的父母,现在他(A.又高兴又害怕),不知道怎么把这些告诉乐乐,怎么跟蓝教授一家联系⁷,心里有点儿乱,于是小草把蓝教授家的(A.电话号码)给了他。

后来,(B.钱聪明和高文章)在万山县建³²了"山茶花电影电视城",(B.蓝天)写的电影《两件红衬衫》在电影电视城开拍的那天,方小草、方小苗、钱乐乐,还有好多好多的人都来庆祝,像节日一样。(A. 钱聪明)非常高兴地告诉大家:方向强和小草一直要感谢的好心人³⁵就是钱乐乐真正的父母——(A.高文章和蓝天)。很久很久,所有的人都没有说话,很多人在流着眼泪……

为所有中文学习者(包括华裔子弟)编写的
第一套系列化、成规模、原创性的大型分级
轻松泛读丛书

"汉语风"(*Chinese Breeze*)分级系列读物简介

"汉语风"(*Chinese Breeze*)是一套大型中文分级泛读系列丛书。这套丛书以"学习者通过轻松、广泛的阅读提高语言的熟练程度,培养语感,增强对中文的兴趣和学习自信心"为基本理念,根据难度分为8个等级,每一级8—10册,共60余册,每册8,000至30,000字。丛书的读者对象为中文水平从初级(大致掌握300个常用词)一直到高级(掌握3,000—4,500个常用词)的大学生和中学生(包括修美国AP课程的学生),以及其他中文学习者。

"汉语风"分级读物在设计和创作上有以下九个主要特点:

一、等级完备,方便选择。精心设计的8个语言等级,能满足不同程度的中文学习者的需要,使他们都能找到适合自己语言水平的读物。8个等级的读物所使用的基本词汇数目如下:

第1级:300基本词	第5级:1,500基本词
第2级:500基本词	第6级:2,100基本词
第3级:750基本词	第7级:3,000基本词
第4级:1,100基本词	第8级:4,500基本词

为了选择适合自己的读物,读者可以先看看读物封底的故事介绍,如果能读懂大意,说明有能力读那本读物。如果读不懂,说明那本读物对你太难,应选择低一级的。读懂故事介绍以后,再看一下书后的生词总表,如果大部分生词都认识,说明那本读物对你太容易,应试着阅读更高一级的读物。

二、题材广泛,随意选读。丛书的内容和话题是青少年学生所喜欢的侦探历险、情感恋爱、社会风情、传记写实、科幻恐怖、神话传说等等。学习者可以根据自己的兴趣爱好进行选择,享受阅读的乐趣。

三、词汇实用,反复重现。各等级读物所选用的基础词语是该等级的学习者在中文交际中最需要最常用的。为研制"汉语风"各等级的基础词

表，"汉语风"工程首先建立了两个语料库：一个是大规模的当代中文书面语和口语语料库，一个是以世界上不同地区有代表性的40余套中文教材为基础的教材语言库。然后根据不同的交际语域和使用语体对语料样本进行分层标注，再根据语言学习的基本阶程对语料样本分别进行分层统计和综合统计，最后得出符合不同学习阶程需要的不同的词汇使用度表，以此作为"汉语风"等级词表的基础。此外，"汉语风"等级词表还参考了美国、英国等国和中国大陆、台湾、香港等地所建的10余个当代中文语料库的词语统计结果。以全新的理念和方法研制的"汉语风"分级基础词表，力求既具有较高的交际实用性，也能与学生所用的教材保持高度的相关性。此外，"汉语风"的各级基础词语在读物中都通过不同的语境反复出现，以巩固记忆，促进语言的学习。

四、易读易懂，生词率低。"汉语风"严格控制读物的词汇分布、语法难度、情节开展和文化负荷，使读物易读易懂。在较初级的读物中，生词的密度严格控制在不构成理解障碍的1.5%到2%之间，而且每个生词(本级基础词语之外的词)在一本读物中初次出现的当页用脚注做出简明注释，并在以后每次出现时都用相同的索引序号进行通篇索引，篇末还附有生词总索引，以方便学生查找，帮助理解。

五、作家原创，情节有趣。"汉语风"的故事以原创作品为主，多数读物由专业作家为本套丛书专门创作。各篇读物力求故事新颖有趣，情节符合中文学习者的阅读兴趣。丛书中也包括少量改写的作品，改写也由专业作家进行，改写的原作一般都特点鲜明、故事性强，通过改写降低语言难度，使之适合该等级读者阅读。

六、语言自然，地道有味。读物以真实自然的语言写作，不仅避免了一般中文教材语言的枯燥和"教师腔"，还力求鲜活地道。

七、插图丰富，版式清新。读物在文本中配有丰富的、与情节内容自然融合的插图，既帮助理解，也刺激阅读。读物的版式设计清新大方，富有情趣。

八、练习形式多样，附有习题答案。读物设计了不同形式的练习以促进学习者对读物的多层次理解；所有习题都在书后附有答案，以方便查对，利于学习。

九、配有录音，两种语速选择。各册读物所附的故事录音(MP3格式)，有正常语速和慢速两种语速选择，学习者可以通过听的方式轻松学习、享受听故事的愉悦。故事录音可通过扫描封底的二维码获得，也可通过网址http://www.pup.cn/dl/newsmore.cfm?sSnom=d203下载。

ABOUT *Hànyǔ Fēng* (*Chinese Breeze*)

Hànyǔ Fēng (*Chinese Breeze*) is a large and innovative Chinese graded reader series which offers over 60 titles of enjoyable stories at eight language levels. It is designed for college and secondary school Chinese language learners from beginning to advanced levels (including AP Chinese students), offering them a new opportunity to read for pleasure and simultaneously developing real fluency, building confidence, and increasing motivation for Chinese learning. *Hànyǔ Fēng* has the following main features:

☆ Eight carefully graded levels increasing from 8,000 to 30,000 characters in length to suit the reading competence of first through fourth-year Chinese students:

Level 1: 300 base words	Level 5: 1,500 base words
Level 2: 500 base words	Level 6: 2,100 base words
Level 3: 750 base words	Level 7: 3,000 base words
Level 4: 1,100 base words	Level 8: 4,500 base words

To check if a reader is at one's reading level, a learner can first try to read the introduction of the story on the back cover. If the introduction is comprehensible, the leaner will be able to understand the story. Otherwise the learner should start from a lower level reader. To check whether a reader is too easy, the learner can skim the Vocabulary (new words) Index at the end of the text. If most of the words on the new word list are familiar to the learner, then she/ he should try a higher level reader.

☆ Wide choice of topics, including detective, adventure, romance, fantasy, science fiction, society, biography, mythology, horror, etc. to meet the diverse interests of both adult and young adult learners.

☆ Careful selection of the most useful vocabulary for real life communication in modern standard Chinese. The base vocabulary used for writing each level was generated from sophisticated computational analyses of very large written and spoken Chinese corpora as well as a language databank of over 40 commonly used or representative Chinese textbooks in different countries.

☆ Controlled distribution of vocabulary and grammar as well as the deployment of story plots and cultural references for easy reading and efficient learning, and highly recycled base words in various contexts at each level to maximize language development.

☆ Easy to understand, low new word density, and convenient new word glosses and indexes. In lower level readers, new word density is strictly limited to 1.5% to 2%. All new words are conveniently glossed with footnotes upon first appearance and also fully indexed throughout the texts as well as at the end of the text.

☆ Mostly original stories providing fresh and exciting material for Chinese learners (and even native Chinese speakers).

☆ Authentic and engaging language crafted by professional writers teamed with pedagogical experts.

☆ Fully illustrated texts with appealing layouts that facilitate understanding and increase enjoyment.

☆ Including a variety of activities to stimulate students' interaction with the text and answer keys to help check for detailed and global understanding.

☆ Audio files in MP3 format with two speed choices (normal and slow) accompanying each title for convenient auditory learning. Scan the QR code on the backcover, or visit the website http://www.pup.cn/dl/newsmore.cfm?sSnom=d203 to download the audio files.

"汉语风"系列读物其他分册
Other *Chinese Breeze* titles

　　"汉语风"全套共8级60余册,自2007年11月起由北京大学出版社陆续出版。下面是已经出版或近期即将出版的各册书目。请访问北京大学出版社网站(www.pup.cn)关注最新的出版动态。

　　Hànyǔ Fēng (*Chinese Breeze*) series consists of over 60 titles at eight language levels. They have been published in succession since November 2007 by Peking University Press. For most recently released titles, please visit the Peking University Press website at www. pup.cn.

第2级：500词级
Level 2：500 Word Level

电脑公司的秘密
——中关村故事之二
Secrets of a Computer Company
The Second Story from Zhongguancun

我家的大雁飞走了
Our Geese Have Gone

青凤
Green Phoenix

如果没有你
If I Didn't Have You

妈妈和儿子
Mother and Son

出事以后
After the Accident

一张旧画儿
An Old Painting

第3级：750 词级
Level 3：750 Word Level

第三只眼睛
The Third Eye

画皮
The Painted Skin

留在中国的月亮石雕
The Moon Sculpture Left Behind

朋友
Friends

第4级：1,100 词级
Level 4：1,100 Word Level

好狗维克
Vick the Good Dog

　　维克以前是一只非常有名的军犬(jūnquǎn: military dog)。有一天，它没有错，却被人用棍子(gùnzi: stick)重重地打了。维克出现了严重的心理(xīnlǐ: mentality)问题，不能再当军犬了。我们的缉毒(jīdú: to crack down on narcotic trafficking)犬(quǎn: dog)训导(xùndǎo: to train)中心虽然接受了它，但很多人不喜欢它，只有我不知道为什么，一下就喜欢上了它，我相信它一定行！我们一起努力练习，成了最好的朋友。在缉毒工作中，维克干得很漂亮，成了一只最棒的缉毒犬！不过，想起当时经过的那些困难，还有女朋友差一点儿因为维克离开我，我是又想哭，又想笑……

　　Vick used to be a famous military dog. One day, for no apparent reason, someone attacked and gravely wounded him with a stick. Due to the resulting emotional trauma, he was discharged. Now, he works with us at the Drug-Sniffing Dog Training Center. My coworkers don't like him, but after training him, I've found him to be a brilliant drug-sniffing dog, and we've become the best of friends. Although, when I think back on when we trained together, and to that time my girlfriend left me, I don't know whether to laugh or cry...